조선의 지방 의국
―공공의 실천장

## 조선의 지방 의국
### —공공의 실천장

| | |
|---|---|
| 초판 1쇄 인쇄일 | 2025년 11월 19일 |
| 초판 1쇄 발행일 | 2025년 11월 26일 |
| | |
| 기 획 | 한국국학진흥원 |
| 지은이 | 김 호 |
| 펴낸이 | 한선희 |
| 펴낸곳 | 국학자료원 새미(주) |
| | 등록일 2005 03 15 제251002005000008호 |
| | 경기도 고양시 덕양구 권율대로 656 원흥동 클래시아 더 퍼스트 1519, 1520호 |
| | Tel 02)442-4623 Fax 02)6499-3082 |
| | www.kookhak.co.kr |
| | kookhak2010@hanmail.net |
| | |
| ISBN | 979-11-6797-275-0 *94910 |
| | 979-11-6797-264-4 *94910 (세트) |
| 가격 | 19,000원 |

ⓒ 한국국학진흥원 인문융합본부, 문화체육관광부

* 이 책의 한국어판 저작권은 한국국학진흥원과 문화체육관광부에 있습니다. 신저작권법에 의해 보호받는 저작물이므로 무단 전재와 복제를 금합니다.

* 저자와의 협의하에 인지는 생략합니다.
  국학자료원·새미·북치는마을·LIE는 국학자료원 새미(주)의 브랜드입니다.

한국국학진흥원 전통생활사총서 51

김호 지음
한국국학진흥원 기획

# 조선의 지방 의국
## —공공의 실천장

국학자료원

◈ 책머리에

한국국학진흥원은 2022년부터 문화체육관광부의 지원 아래 전통생활사총서 사업을 기획하였다. 이 사업은 전통시대 생활문화를 대중에게 널리 알리고자 해마다 20명의 생활사 전문 연구진을 섭외하여 추진해 왔다. 지난해까지 40종의 총서를 대중에게 선보였고, 올해도 다채로운 주제를 담은 20권을 발간하였다.

한국국학진흥원은 국내에서 가장 많은 67만여 점에 이르는 민간 기록물을 소장하고 있는 기관이다. 대표적인 민간 기록물이라 할 수 있는 일기와 고문서는 당시 사람들의 일상을 세밀하게 이해할 수 있는 생활사의 핵심 자료이다.

그동안 한국의 역사는 '조선왕조실록'이나 '승정원일기'와 같이 세계적으로 자랑할 만한 국가 기록물의 존재로 인해 중앙을 중심으로 이해되어 온 경향이 있다. 반면 민간의 일상생활에 대한 이해와 연구는 상대적으로 덜 주목받은 것도 사실이다. 다행히 한국국학진흥원은 일찍부터 민간에 소장되어 소실 위기에 처한 자료들을 수집하고 보존 처리하며 관리해 왔다. 나아가 이들 자료를 번역하고 심층 연구하여 대중에 공개했다. 이러한 민간 기록물을 활용하고 일반 대중에게 기여할 수 있는 효과적인 방법으로, '전통시대 생활상'을 생생하게 재현한 대중서로 집필하기에 이르렀다. 이는 일반인이 쉽고 재미있게 읽을 수 있는 전통생활사총서를 간행한 이유이기도 하다.

총서 간행을 위해 일찍부터 생활사의 세부 주제를 발굴하는 전문가 자문회의를 개최하고, 전통 생활문화를 가장 잘 구현할 수 있는 핵심 키워드를 선정하였다. 인간의 생활을 규정하는 보편적 분류인 정치, 경제, 사회, 문화의 큰 틀 아래, 매년 각 분야에서 핵심적이고 흥미로운 키워드를 선정하여 집필 주제를 정했다. 이번 총서의 키워드는 정치는 '지방 수령의 생활', 경제는 '시장 경제와 화폐 유통', 사회는 '질병과 의료', 문화는 '여가생활'이다.

각 분야마다 5명의 전공자로 집필진을 구성하고, 독자들이 어디서나 가볍게 들고 다니며 쉽게 읽을 수 있도록 다양한 사례를 풍부하게 담아달라고 요청하였다. 풍부한 사례 제시와 더불어 전문 연구자의 깊이 있는 시각을 담아 대중성과 전문성을 동시에 담보할 수 있는 것이 본 총서의 매력이다.

전문적인 서술로 대중을 만족시키기는 결코 쉽지 않다. 원고 의뢰 이후 5월과 8월에는 각 분야의 전공자를 토론자로 초청하여 2차례의 포럼을 진행하였고, 11월에는 완성된 초고를 바탕으로 대규모 학술대회를 개최하였다. 포럼과 학술대회를 통해 원고의 방향과 내용이 더욱 견고해지도록 점검하는 시간을 가졌다. 원고 수합 이후에는 각 책마다 전문가 3인의 심사 의견을 받았다. 출판사를 선정하여 수차례의 교정과 교열 작업을 거치며 완성도를 극대화했다. 책이 세상의 빛을 보기까지 꼬박 2년이 걸렸다. 짧다면 짧은 기간이지만, 2년의 응축된 시간 동안 꾸준히 검토 과정을 거쳤고, 토론과 교정을 통해 원고의 완성도를 높이기 위해 분주히 노력했다.

전통생활사총서는 국내에서 간행하는 생활사총서로는 가장 방대한 규모이다. 국내에서 전통생활사를 연구하는 학자 대부분을 포함하였다. 2024년도 한 해의 관계자만 연인원 백 명이 넘는 명실공히 국내 최대 규모의 생활사 프로젝트이다.

1990년대 이후 폭발적으로 증가했던 일상생활사와 미시사 연구에 대한 학계의 관심이 근래 들어 다소 소홀해진 상황이다. 본 총서의 발간이 생활사 연구에 활력을 불어넣는 계기가 되기를 기대한다. 연구의 활성화는 연구자의 양적 증가로 이어지고, 연구의 질적 향상 또한 이끌 것이다. 이는 전통문화에 대한 대중들의 관심 역시 증폭시키는 선순환을 만들어 낼 것이라 고대한다.

본 총서는 한국국학진흥원의 연구 역량을 집적하고 이를 대중에게 소개하기 위해 기획된 대표적인 사업 중 하나이다. 참여 연구자의 대다수가 전통시대 전공자이며 앞으로 수년간 지속적인 간행을 준비하고 있다. 올해에도 20명의 새로운 집필자가 각 어젠다를 중심으로 집필에 들어갔고, 내년에 또 20권의 책이 간행될 예정이다. 앞으로 계획된 총서만 100권에 달하며, 여건이 허락하는 한 이 소중한 작업을 지속할 예정이다.

대규모 생활사총서 사업을 지원해 준 문화체육관광부에 감사하며, 본 기획이 가능하게 된 것은 한국국학진흥원에 자료를 기탁해 준 분들 덕분이다. 다시 한번 깊이 감사드린다. 아울러 총서 간행에 참여한 집필자, 토론자, 자문위원 등 연구자분들께도 진심으로 감사 인사를 전한다. 책의 편집을 책임진 국학자료원에도 고마움을 표한다. 이 모든 과정은 한국국학진흥원 여러 구성원들의 노력이 있었기에 가능했다.

2025년 11월
한국국학진흥원 인문융합본부

◈ 차례

책머리에     4

**1. 왜 '의국'인가?**     11

**2. 열악한 향촌 의료**     23

    류성룡의 편지     25
    개선 방안들     32

**3. 영주 의국 제민루**濟民樓     41

    제민루의 설립 과정     43
    유의 이석간李碩幹     63
    삼락당 박종무의 활동     73

**4. 향당의 공공화**     85

    위기지학과 '사회'의 구축     87
    교화의 중요성     96

## 5. 강릉 약국과 사족의 공공 활동　　　105

공국公局의 역할　　　107
재지 사족의 참여　　　119
사족 심장원과 지방관 정경세　　　129

## 6. 상주 의국 존애원存愛院　　　143

'공국公局' 존애원　　　145
상주 사족의 공공 실천　　　159
의국 존애원의 쇠퇴　　　172

## 7. 곤경에 처한 공공성　　　181

주석　　　192

참고문헌　　　224

# 1

## 왜 '의국'인가?

이 책은 조선의 지방 의국 관련 자료를 발굴하고, 향촌 내 의국에서 활동했던 사족의 역할을 어떻게 평가할지 논의해 보려는 시도이다. 이에 부제를 '공공의 실천장'이라고 붙여 보았다. 본문에서 자세하게 설명하겠지만, 조금 언급하자면 16~17세기의 지방 의국은 당시 도학(성리학)의 확산과 실천이라는 시대적 과제와 밀접하게 연관 지어 이해할 필요가 있다. 당시 도학을 공부했던 사문斯文들 사이에 과거를 통해 관료로 입신양명하는 길 이외에 공공을 위한 실천 방안이 무엇인지를 두고 다양한 논의가 제기되었고, 지방 의국은 약재의 유통 및 지역민들에 대한 의료 혜택의 확산이라는 차원에서 중요한 공적 활동의 장으로 자리매김했다. 그동안 사족들의 향약鄕約 운영 및 서원 건립 등에 대한 자료 발굴 및 연구는 상당한 수준에 이르렀지만, 조선의 지방 의국(혹은 약국)과 관련한 자료 수집과 연구는 여전히 충분하지 못한 상태이다. 많은 의국 관련 자료들이 발굴을 기다리고 있으며, 다양한 문제의식 하의 접근도 절실하다.

　조선의 지방 의국에 관한 기왕의 연구는 필자의 과문을 탓하더라도, 17세기 초 설립된 강릉 약계와 상주의 존애원에 대한 연구가 거의 전부라 할 정도이다.[1] 필자는 수년 전 경북 영주의 제민루 의국에 관련된 고문서를 찾아 지방 의국의 운영을 본격적으로 논의하기 시작했다.[2] 이후 청주 그리고 전남 지역의 의국을 운영했던 유의儒醫와 지역 사족들의 학문적 특징,[3] 나아가 재지 사족의 성장이 비교적 더뎠던 제주도의 의국 운영이 제주목사에 의해 관 주도로 이루어졌던 역사를 정리해 본 바 있다.[4] 그리고 점차 의국을 단순한 의료 기관에 대한 연구로 접근하기보다 16~17세기 이른바 '사족의 역할'을 둘러싼 공공성의 문제와 연관 지어 해석하지 않으면 안되겠다는 깨달음에 이르렀다.[5] 특히 상주 존애원의 성격을 사립이나 사설이라는 점을 강조하기보다 향당의 공공화를 둘러싼 공적 실천, 즉 공국公局의 관점에서 재정의할 필요가 있다고 생각하게 되었다.[6]

요컨대, 의국의 설립은 관이 주도한 경우는 물론이거니와 재지 사족들의 적극적인 참여로 이루어진 경우에도, 그 최종 목표는 설립과 운영에 참여했던 계원들이나 그들의 가족 및 친인척들을 위한 제도를 넘어 지역민 '모두'를 위한 시설이었다는 점에서 공공성을 띠고 있었다.

가령 조선의 가장 오래된 서원이었던 백운동서원을 보면, 일반적으로 사립 혹은 사설학교로 정의한 채 사족들의 주도를 강조하는 식으로 설명되곤 한다. 그러나 16세기 이후 성리학의 확산과 함께 공공의 실천이 강조되면서, 사익이 아닌 공익을 향한 의지와 함께 '사회의 재구성'하려는 역사적 흐름이 형성되고 있었다.[7] 필자 역시 조선의 지방 의국을 연구하면서, 과연 의국을 사족들의 주도로 건립된 사립 의국으로 정의하는 것이 올바른지 혹은 공립으로 재평가해야 할지를 두고 고민해 왔다. 이 책을 기회로 15세기 초부터 운영되었던 영주의 제민루와 1603년 강릉 의국의 운영을 위한 약계 그리고 임란 이후 설립된 상주 의국 존애원의 정체성을 새롭게 평가하고, 조선의 지방 의료 정책의 방향과 16세기 성리학道學의 확산과정에서 나타난 위기지학爲己之學의 효과, 즉 공공의료의 중요한 축이었던 '의국'의 지속가능성을 위해 운영에 적극 참여했던 사족들의 공공 실천이 무엇보다 중요했음을 강조하고자 한다.[8]

앞서 언급했듯이, 조선의 지방 의국에 관한 가장 최초의 논문은 1988년 강릉 사족의 약국계 운영에 관한 연구이다. 당시 향촌 사회사 연구가 활발했지만 주로 향약鄕約이나 향안鄕案 혹은 서원이나 향교 관련 자료에 착목했던 사정에 비추어 보면, 이 글은 지방 의료의 중요한 기구였던 의국이나 약계 등의 존재를 보고하여 학계에 신선한 자극을 주었다.[9] 이 점에서 강릉 지방 약계에 대한 논의는 그 선구적 의미를 충분히 평가받을 수 있다. 결론에서 저자인 이규대는 "약국의 설립은 이미 선초 이래로 관 주도적으로 운영되어 오던 것을 활성화하는 형태였으며 이제 약국계의 출현은 약국의 운영 주체가 관 주도에서 재지 사족 중심으로 전환되고 있음을 의미하는 것이었다."라고 주장했다. 나아가 약국은 향촌 사회 공공의 이익을 대변하는 공국으로서의 성격을 갖는다고도 첨언했다.

'운영 주체의 재지 사족으로의 전환과 공국公局의 성격'을 어떻게 이해할 것인가? 향촌 재지 사족의 역할을 강조하기 위해 〈관 주도→재지 사족 중심〉으로의 변화를 강조했지만, 사실 지방 의국은 관(국가)에 의해 설치되었을 뿐 아니라 지방관이 그 운영에 많은 책임과 주의를 기울이고 있었다. 더욱이 강릉 약계의 규약을 읽어보면, 강릉 의국의 원활한 운영을 위해 마련했던 조목[약계]은 사족들의 친목이 아닌 공국公局이었던 강릉 의국의 관리에 충실하려던 것이었음을 알 수 있다.[10] 저자는 공적인 의미를 논하면서도 일반적으로 당시 조선시대 향촌 사회사 연구자들이 그러했듯이 국가와 사족을 지나치게 대립적으로 바라보고 재지 사족의 역할을 강조하는 이분법적 구도를 취했다.[11] 관을 대신하여 지방 사족들이 향촌의 권력을 주도하는 세력, 이른바 '사족지배체제'의 핵심으로 성장했는지 여부는 훨씬 더 많은 사료의 지지와 섬세한 논의가 필요했음에도 불구하고, 재지 사족을 봉건 영주의 지위에 걸맞는 신분으로 추정하고 이들이 국가 권력을 대신하여 지방을 지배하고 있는듯한 서술이 주를 이루었다. 1980년대의 사회사 연구 경향은 이후 조선의 지방 의료에 대한 후속 연구에 많은 영향을 끼치게 되었다. 지방 의국과 관련한 새로운 자료가 발굴되거나 대안적인 해석이 나오는 대신, 기왕의 사회사 연구 틀에 맞추어 조선 의료사의 전개 양상이 '관 주도→사족 주도→시장 주도'의 도식으로 정리되고 말았다.[12] 1970~80년대의 한국사 연구 환경에서 불가피한 측면이 없지 않았지만, 이처럼 '국가의 주도에서 시장으로의 전환'을 일종의 발전으로 평가하는 '근대주의 시각'은 조선시대 연구의 주요한 방법론이자 관점으로 적용되었다. 이는 조선 후기를 신분제의 붕괴와 자본주의 맹아의 시기로 설명해 보려는 입장과 그 궤를 같이하는 것이었다.[13]

근대화론의 도식적인 적용보다 더 큰 문제는 국가와 민간(사족/시장)을 지나치게 이분법적으로 전제하고, 16세기 이래 성리학(도학)이 추구했던 개인[家]을 넘어 공공의 '사회(적인 것)'를 구축하려 했던 노력―이른바 '향당의 사회화' 혹은 '공공화'―의 역사적 의미를 제대로 평가하지 못한 채, 성리학의 이념을 단순히 피지배층에 대한 지배 이데올로기로 전락시키고 말았다는 사실이다.[14]

요컨대, 의료를 둘러싼 '공공성'의 문제는 방치한 채, 제도의 운영 주체가 국가(관)인지 사족인지 혹은 시장인지 등의 논의에 그쳐, 지방 의국을 둘러싸고 벌어진 성리학자들의 '사회의 재구성'이라는 공

공의 실천이 의도치 않게 폄하되고 말았던 것이다.[15]

필자는 경북 영주의 제민루 의국을 비롯하여, 강릉 의국 운영을 위한 사족들의 약계藥契 그리고 제주 의국과 전남 무안의 의국 및 상주의 존애원 등을 광범위하게 고려하면서, 16~17세기의 향촌 사회를 이른바 '사족지배체제'로 정의한 기왕의 연구 경향을 비판적으로 검토한 바 있다. 선초 이래 조선 정부는 이전 왕조에서 수많은 폐단을 야기했던 '봉건의 가능성'을 제거하려고 부단히 노력했다. 관료제[郡縣]를 지향했던 조선이 적어도 〈지방의 봉건화〉를 허용하지 않으려했던 이유이다. 향촌을 지배하려는 호민豪民과 사족들의 욕망은 중앙에서 파견된 지방관에 의해 효율적으로 저지되었고, 국가와 사족은 한편으로는 갈등하면서도 협력하지 않을 수 없는 적절한 긴장 관계를 유지했다.[16] 타협과 긴장의 협력관계는, 16~17세기 조선 정부의 지방 교화 정책에 동의한 사족들이 적극적으로 '향당의 공공화'를 실천하면서 새로운 국면을 맞이하게 되었다.[17] 따라서 16~17세기의 '사회(적인 것)의 구축'을 일방적으로 '사족지배체제'의 형성 과정으로 단정한다면, 이는 역사적 사실과 부합하지 않을 뿐더러 재지 사족들의 공공 실천을 지나치게 평가절하했다는 비판을 면키 어려울 것이다.

이 책을 통해 필자는 역사를 왕권과 신권의 갈등이나 지배권을 둘러싼 중앙과 지방의 투쟁으로 보는 일면적 시각을 비판하고, 이른바 친친親親을 넘어 존존尊尊의 의합義合 공동체를 구현하려 했던 성리학의 기획, 다시 말해 개인의 사익을 넘어 공익에 기여할 수 있는 공공의 토대를 만들고자 했던 사족들의 노력을 중심으로 당대의 역사상을 살펴보려 했다. 지방 의국은 '공공의 실천장'이라 할만했다. 그 역사성을 정확히 이해하려면, 무엇보다 강릉의 약계와 상주의 존애원 등 그간 재지 사족들의 사적 운영으로 규정되었던 지방 의국이, 선초 이래 조선 정부가 염원했던 공공의료 확산 정책의 일환이었다는 사실을 우선 이해할 필요가 있다. 강릉의 약국이나 상주 존애원은 사족들의 자율적 운영으로 보이지만, 실제로는 국가의 정책에 호응했던 재지 사족들의 공공 실천, 즉 향당[사회]을 구축하려는 의지의 결과였다. 이는 16세기 이후 도학의 확산에 따라 향촌(사회)의 지속가능성을 도모하려는 재지 사족들의 공적 실천과 깊이 관련되어 있었다.

결론적으로 조선시대 지방 의국(혹은 약국)의 운영을 단순하게 '관에서 사족으로'라는 도식으로 환원할 수는 없으며,[18] 국가 혹은 사족 주도와 같은 이분법으로 읽기보다 성리학의 '위기지학'을 실천하고자 했던 재지 사족들의 지향을 감각하면서 이해할 필요가 있다. 특히, 위기지학의 실천과 관련하여, 의국이나 약계의 정체성에 관한 기왕의 연구들이 '지역 지배'를 공고히 하려는 사족들의 의도를 지나치게 강조했던 점을 반성하고, 지배 이데올로기로서 성리학의 지향만큼이나 '성리학의 공공성'을 고려할 이유는 충분해 보인다.

역사적으로 호혜와 협동은 단지 기브앤테이크라는 '(이익)계산'에 의해서만 형성되지 않았다. 각 문화의 이면에 흐르는 '공공(재)'에 대한 다양한 정치사회적, 나아가 종교적 배경을 숙고할 필요가 있으며, 이럴진대 성리학이 강조했던 위기지학이야말로 공공의 실천을 격려했던 주요한 사상 자원이었음을 잊어서는 안 될 것이다. 주희가 평생토록 강조했던 『소학』에는, 국가와 가家:개인의 중간 어디쯤에 존재하는(혹은 당위적으로 있어야 하는) '향당鄕]의 구성'을 촉구하는 구절들이 눈에 띈다. 사익을 넘어 지역 공동체를 위한 실천을 역설했던 『소학』 운동이 16세기 조선의 향약 시행과 긴밀하게 결합해 있었음은 주지의 사실이다.[19]

'성리학은 지배층의 이데올로기일 뿐'이라는 단순한 관점과 역사 서술로부터 이제는 벗어나야 할 때다. 물론 지배 이념을 확산하기 위한 '권력과 활용기술의 결합'에 대해서 철저히 성찰하고 비판할 필요가 있다. 하지만 그럼에도 국가와 재지 사족의 협력과 긴장을 통해 '의국'의 지속가능성을 꾀했던 근본적인 이유는 무엇일까를

숙고해야 한다. 이른바 사족들의 공적 실천과 이를 통한 '사회(적인 것)의 재구성'이라는 역사적 유산이 신자유주의에 의해 점차 공공의 토대가 부식되고 공동체의 협력과 연대보다 발가벗겨진 개인들의 파편화로 채워지고 있는 현대 사회에 어떤 울림을 줄 수 있는지 깊은 성찰이 요구된다.

그동안 필자는 조선의 지방 의국 관련 연구를 진행하면서 의국의 설립이나 운영에 참여하거나 유의로 활동했던 '사람들[斯文]과 그들의 행동'에 주목했다. 영주 제민루 의국의 유의 이석간李碩幹(1509~1574)은 초시 합격 후 서울에서 잠시 관료 생활을 했지만 이내 귀향하여 제민루에서 유의로 활동했다. 또한 재지 사족 박종무는 이산서원 원장을 역임하는 등 유림의 의견을 주도하고 읍지 제작에 앞장서는 등 지역 사족의 여론을 이끌었을 뿐 아니라 제민루의 운영을 도맡아 운영을 정상화하고 자본을 회복했다. 특히 그는 이러한 공공의 실천을 자신의 호인 삼락三樂의 주요 활동으로 간주했다.

조선의 지방 의국 운영에 적극적으로 참여했던 사족과 유의들의 정체성에 대한 다면적인 고찰이 필요하다. 포용적인 태도와 열린 학풍 또한 중요했다. 의국 운영에 참여한 사족들의 학문적 특징을 살펴보면, 청주 의국에서 활동한 이득윤, 박춘무 그리고 전남 무안

의국을 운영했던 송제민 등은 모두 실천을 강조했던 토정 이지함의 제자들이었다. 서경덕에서 이지함으로 이어지는 기학氣學 전통은 의학 등 실용적인 학문에 관대한 태도를 보였다.[20] 강릉 약국계의 심장원도 마찬가지였다. 그는 성리학 이외에 다양한 공부를 섭렵했다. 젊은 시절 불교에 골몰했던 율곡 이이와 깊이 교류했던 이유이다. 상주 존애원의 성람 역시 무실務實의 학문 전통을 이어받았던 성리학자이자 의사[儒醫]였다. 조선의 지방 의국은 그 설립 배경이나 운영 주체 등을 재검토하는 것은 물론 의국 운영에 적극적으로 참여했던 사족들의 사상적 기반 등을 새롭게 탐구해야 한다.

　조선의 성리학자들이 강조했던 위기지학의 실천은 단지 중앙의 관료가 되어 국정에 참여하는 것으로 충분하지 않았다. 지방에서 공공 의료를 위해 헌신하는 일 역시 성리학자[斯文]의 중요한 실천이었다. 공공의 토대인 의국을 지속하기 위해 노력했던 사족들의 노력을 단지 향촌 내 자신들의 지위를 강화하기 위한 욕망으로만 평가한다면, 비역사적일 뿐 아니라 공공의 협력과 사회적인 것의 재구성이 한층 필요한 오늘날, 역사학의 소명인 현재와 과거와의 대화를 빈곤하게 만들 뿐임을 다시 한번 강조하고 싶다.

#  2

열악한 향촌 의료

## 류성룡의 편지

  무실務實의 학자이자 임진왜란 당시 전쟁터를 누비며 구국의 충정을 다했던 정치가 서애 류성룡은 틈틈이 가족들의 안부를 묻고 자식들의 질병 치료를 의논하고자 집에 편지를 부쳤다. 현존하는 서애의 서찰첩에는 조카나 자식들의 건강을 걱정하거나 치료법을 알려주는 아버지와 숙부의 염려가 상당수 수록되어 있다.[21] 간단히 일별해 보아도, 16세기 후반 지방의 열악한 의료 상황을 알려주는 흥미로운 내용들을 쉽사리 발견할 수 있다.

  서애가 「두 아들兩兒」에게 보낸 편지의 일부를 보자. 아버지 서애는 아들 진袗의 설사 증세가 나아질 기미가 없자 이를 매우 안타깝게 생각하고, 과거 공부는 중요하지 않다고 말하면서 몸을 조섭하여 무병한 것이 훨씬 좋다고 당부했다. 편지에는 따뜻한 아버지의 마음이 잘 담겨 있다. "근래 더위를 무릅쓰고 분주히 다닌 탓에 몸이 상해서 그런 듯하다. 나는 과거시험에 합격하는 것을 기쁘게 여기지 않으니 그저 너희들이 병으로 나에게 근심을 끼치지 않기를 바랄 뿐이다." 서애는 아들에게 조언한 후 약재로 사용할 인진환茵陳丸을 보낼 터이니 이찬李燦과 의논한 후 복용하도록 권유했다.[22]

  이찬은 당대 최고의 의술로 명성을 날리던 유의였다. 서애 가문과 같은 사족 집안이라도 이찬과 같은 명의가 인근에 살지 않는 한 약재를 쉽게 구하거나 약물을 복용할 때 조언을 구하기는 사실상 어려웠다. 심지어 서애는 『의학입문』을 숙독하고 『침경요결』을 편집할 정도로 의학에 밝은 인물이었음에도 항상 약물을 복용할 때 의논할 명의가 없다고 곤란해했다.[23] 신 진사辛進士에게 보낸 편지를 보면, 서애는 진사 신씨의 의술에 대한 무한한 신뢰를 보내며 왕진을 바라는 마음을 간곡하게 전하고 있다. 이처럼 서애를 포함한 향촌의 사족들은 의서를 읽기는 하지만 항상 처방이나 약물을 의논할 의사가 없는 점을 아쉬워했다.[24] 사족들의 의학 공부는 한계가 있었다. 문자를 읽을 수 있기에 어쩔 수 없이 의서를 읽고 본인과 가족들의 건강과 질병 치료를 위해 약물을 처방하곤 했지만, 의학을 전업으로 하는 의원이나 의학에 상당한 전문성을 띤 유의儒醫들의 수준과는 기본적으로 차이가 날 수밖에 없었다.

주변에 도움을 받을 수 있는 의사의 부재도 문제이려니와 향촌에서는 중국에서 수입한 당재唐材라거나 지역에서 산출되지 않는 약재 등 구할 수 없는 것들이 너무 많았다. 수입 약재의 경우에는 희소성으로 인해 서울에 비해 몇 배에 달하는 값을 치러야 겨우 복용할 수 있었다.[25] 그나마도 구할 수 있으면 다행이었다. 서애 역시 서울에 있는 친구들에게 약재를 구하는 편지를 쓰지 않을 수 없었다.

서울의 판사 정 아무개에게 보낸 편지다.

> 동교東郊에서 서로 전송한 옛정이 아직도 어렴풋합니다. 이별한 뒤로 어떻게 지냅니까. 매우 그립습니다. 저는 무사히 집에 돌아왔으나 집안에 병을 앓는 사람이 많으니 매우 근심스럽습니다. 약 사는 일로 목필木匹을 보냈는데 먼 지방에 있는 하인이 약을 사기 위해 의지할 곳이 없으니, 그대가 지도하여 좋은 약재를 골라 사서 보내준다면 큰 덕을 입었다 할 것입니다.[26]

의서를 참조하여 각종 질병을 치료할 만한 처방을 얻었다 해도 소용되는 약재를 모두 구비할 수 없다면 질병의 완치는 난망했다. 서애는 아들의 얼굴에 난 종기를 걱정하며 사람들과의 만남을 줄이고 친구들이 방문하더라도 거절한 채 몸조리에만 신경 쓰도록 당부했다. 약물을 구하기 쉬운 지역이나 장소는 그만큼 중요했다. 서애는 아들에게 경북 영천은 의원醫院이 있는 지역이므로 약물을 구할 수 있으니, 약재를 사다가 종기 치료에 전념할 것을 권했다.

> 한창 염려가 깊어지던 차에 편지를 받고서 많은 위로가

되었다. 머리나 얼굴에 나는 것은 작더라도 가볍게 여겨서는 안 된다. 너희들은 천성이 나약하고 사람을 두려워하는데, 어찌하여 굳이 억지로 병중에 사람들을 응접하면서 병을 더 키우고 있는가? 박정자朴正字가 찾아왔더라도 병을 핑계로 사양할 수는 없었는가? (중략) 영천은 의원이 가까워 환약을 계속 가져다 쓸 수 있으니 소홀히 해서는 안 될 것이다.[27]

서애는 아들의 종기가 머리 부위에 있다면 가볍게 여겨서는 안 된다고 주의를 준 후, 영천 의원에서 환약을 구해 계속 치료해 보라고 당부했다. 서애가 말한 영천 의원은 앞으로 살펴볼 조선의 지방 의국 가운데 하나인 '제민루濟民樓'다.[28]

의국 제민루에서는 환약을 팔고 있었다. 앞으로 살펴보겠지만 조선의 향촌 의국은 상비약에 해당하는 환약을 미리 제조해 두었다가 인근의 환자들에게 판매했다. 이른바 납약臘藥으로 불리는 구급에 필요한 약물들이다. 허준이 편찬한 『언해납약증치방諺解臘藥症治方』은 지방 의국에서 만들어 둘 납약의 처방전을 정리해 놓은 의서였다. 중앙의 내의원에서도 때마다 왕실에 비상약물을 봉진했는데, 납월(12월)이 되면 새해에 필요한 납약을 제조해 납입納入했다.

그 종류는 무려 21종으로 우리가 익히 알고 있는 우황청심원을 비롯하여, 구미청심원, 용뇌안신환, 소아청심원, 우황포룡환, 용뇌소합원, 사향소합원, 수자목향고, 용뇌고, 목향보명단, 가감박하전원, 감응원, 안태환, 포룡환, 우황양격원, 사청환, 호합인진원, 신보원, 신성벽온단, 천금광제환, 입효제중단 등이다.[29] 허준은 납약처방전을 언해하여 전국에 배포하는 이유에 대해 비상구급약의 처방전이 여러 의서에 나누어 수록되어 있지만 이를 한군데 모아 이용하기 쉽도록 한 것이라고 강조했다.

> 각종 납약의 주치증과 사용법은 비록 의서에 상세하게 실려 있지만 찾아보기 쉽지 않으며, 또한 멀리 떨어진 외방이나 궁벽한 시골에서 비록 의약을 얻었다 할지라도 쓰는 방도를 알지 못해 사람들이 모두 병통으로 여겼다. 이에 옛 의서들에서 요긴한 말들을 가려 뽑아 책으로 찍어 전하고자 한다.[30]

그만큼 지방마다 구급약을 미리 제조해 두었다가 판매할 장소가 필요했다. 지방의 의국(의원)이 이를 담당했다. 지방 의국에서 활동하던 의생이나 유의들은 평소 약재를 중앙에 납입하기 위한 관리는 물론 납약臘藥 등 비상 약물을 제조해 두었다가 인근 환자들의 질병 치료에 대응했다. 구급약은 그야말로 우황청심환처럼 중풍으로 인한 인사불성을 치료하는 약물로부터, 아이를 쉽게 날 수 있도록 임신부의 출산을 돕는 최생단催生丹[31], 그리고 희두토홍원稀痘兎紅元과 같이 두창이나 홍역을 예방하거나 치료하는 약물도 있었다. 토홍원은 갓난아이의 경우 2-3환을 젖으로 먹이고, 한 살배기는 5환 내지 7환을 먹이고, 3살 이상 먹은 아이는 15환을 먹이도록 했다. 오래 복용하다 보면 온몸에 홍반紅斑이 돋는데 이것이 바로 효험의 징후라는 설명도 함께 제공되었다.[32]

지방 의국의 가장 큰 임무는 해당 지역에서 산출되는 약재를 중앙에 납입하는 창구 기능이었지만, 앞에서 언급한 대로 평소에 상비 약물을 제조하여 인근의 환자들에게 공급하는 일을 소홀하지 않았다. 뿐만 아니라 향촌 사족을 포함한 백성들에게 해당 지역에서 구하기 어려운 약재들을 비교적 쉽게 제공해 주었고, 나아가 약물을 복용하려면 어떤 처방을 사용해야 하는지 혹은 어떤 음식이나 행동 등을 조심해야 하는지 의약 관련 문제를 문의할 수 있는 곳이기도 했다.

지방 의국의 설립과 운영 그리고 의생이나 심약 등 다양한 의료 인력의 관리는 전적으로 정부의 주도와 비용으로 이루어져야 했지만, 이러한 의료 시스템을 전국적으로 확보하는 일은 물력과 인력 양면에서 모두 쉽지 않은 일이었다. 15세기 건국 이래 조선이 천명했던 유교 정치[성리학]의 핵심은 학교나 병원 그리고 향소鄕所와 같이 공공 실천의 토대를 구축하고 이에 참여하려는 사문斯文의 자율적인 참여 확대-전 인민의 군자화 기획과 실천-에 다름 아니었다.[33] 자신의 사익私益을 넘어 지역의 공공과 공동선을 추구하는 위기지학의 기획은 15~16세기 이래 꾸준하게 교육되고 다양한 제도를 통해 확산했다.

성리학 교화의 주체였던 일선의 지방관들은 앞장서서 학교[향교]를 보수하거나 농서나 의서 등 생활에 필요한 서적을 배포했으며, 재지 사족들과 더불어 지역의 안녕을 위한 여러 가지 정책을 향소鄕所에서 논의했다. 재지 사족을 비롯해 가능한 많은 이들이 성리학의 '사회' 구축에 동참하고자 했으며, 사문으로 통칭되는 이들 유학 독서층이 지역 내 의국이나 향교 등 공공의 제도 안에서 공공을 위한 여러 가지 실천에 참여했던 상황은 위기지학의 취지에 비추어 전연 이상할 바가 없었다.

## 개선 방안들

선초 이래 조선 정부는 지방의 약재를 중앙에서 거두어 다시 각 지역으로 분급分給하기 위해 팔도의 주요 거점 지역에 의국을 건립하고 약재를 수집 및 유통했다. 중앙 의료 기구였던 전의감이나 혜민서 등에서 각 지역에 심약審藥을 파견하여 전국에서 거두어들인 약재의 품질을 검사하고, 아울러 문자를 익힌 지식인 중 일부를 선발하여 의서를 가르쳐 의생을 양성하고자 했다.

앞서 언급한 대로, 사족들의 경우 본인이나 집안을 돌보기 위해 의서를 읽거나 의술을 습득한 경우가 대부분으로 이들은 주로 가족이나 친인척 그리고 주변 지인들의 질병에 자문하거나 돌보는 정도에 머물렀다.[34] 때문에 지방에는 대민 의료를 담당할 의생을 비롯하여 의료 인력이 항상 부족한 상태였다. 때문에 일찍부터 조선 정부는 약재는 물론 의료 인력의 부족 현상을 극복하고자, 의국을 설치하고 의생을 적극적으로 양성하고자 했으며 향촌 사족 중 일부를 의생 등 의료 인력으로 적극 활용하고자 했던 것이다. 문제는 지방관이나 중앙에서 파견된 심약이 지방 의생이나 의학 훈도들을 노비[下隷] 다루듯 마구 대하는 분위기로 인해 지방 의료 인력의 양성이 꽤나 차질을 빚고 있었다는 사실이다.

이미 조선 초 이래 지방 의료의 난맥에 대해서는 많은 이들이 그 실상을 토로하고 있었다. 1423년(세종 5) 전라도 창평현감으로 부임했던 박흥생朴興生(1374~1446)은 목민서를 저술하면서 지방관들의 중요한 참고서로 자신이 편집했던 『촬요신서撮要新書』를 언급한 바 있다.[35] 이 책에는 생활에 필요한 음양 및 택일[選擇] 등 일용의 명과命課 지식이 수록되어 있지만 상당 부분은 의학과 구급 처방에 관한 지식이었다. 「의약문醫藥門」의 목차를 일별해 보면, 내과 질환을 비롯한 구급 처방과 임신 및 출산 그리고 소아 질환에 이르는 다양한 내용으로 구성되어 있다.[36] 이러한 의학 지식 및 구급방은 지방관인 박흥생이 직접 정리하여 관할 내 사족 이하 백성들에게 제공되었다.

이보다 몇 년 앞선 1417년(태종 17) 의흥현감으로 부임했던 최자하崔自河는 자신의 『향약구급방』을 중간重刊하여 세상에 보급했다. 당시 경상도 관찰사 이지강李之剛(1363~1427)은 최자하의 출판 요청을 흔쾌히 수용하였고, 이른바 조선판본 『향약구급방』이 간행될 수 있었다.[37] 또한 1487년(성종 18) 세조의 명을 받고 의원 전순의全循義가 편찬했던 『식료찬요食療撰要』를, 경상감사로 부임했던 손순효孫舜孝(1427~1497)가 경북 상주에서 간행하여 지역에 보급하기도 했다.[38] 손순효는 경상도의 의료 및 약재 수급 상황 등을 감안하여 곡식이나 채소 등 주변에서 구하기 쉬운 식재료 위주의 치료법[食治]을 수록한 『식료찬요』를 간행했다.

의서 간행 및 보급은 조선 왕조가 추구했던 인정仁政의 하나이자 환난상휼患難相恤의 기초로 여겨졌다. 1498년(연산군 4) 홍귀달洪貴達(1438~1504)은 『구급이해방救急易解方』이라는 언해본 구급 의서를 간행하면서 '의료가 곧 인술仁術'이라는 주장을 피력했다. 인仁이란 하늘과 땅이 만물을 낳아 기르는 마음인데 의술, 의학의 역할이 그러하다는 의미였다.[39]

16세기에 이르러 지방관들의 의서 간행 및 보급 사업은 더욱 활발해졌다. 16세기 초 의성현감을 지냈던 이종준李宗準(1458~1499)은 『자금단방紫金丹方』이라는 구급의서를 저술하였는데, 자금단이라는 만병통치의 약물에는 '산자고'라는 재료가 필요했다. 이종준은 이를 구하기 위해 산과 들로 채집하는 것은 물론 지역의 촌로들에게 물어 조사하고 약재를 만든 이후에도 여러 환자의 임상 효과를 거쳐 자신의 처방전을 세상에 공개했다.[40] 이 책은 18세기 후반의 생활백과서인 『산림경제』와 이덕무李德懋(1741~1793)의 『청장관전서靑莊館全書』에 언급될 정도로 조선 팔도에 널리 보급되었던 구급방이었다.

조선시대 지방관들은 기왕의 의서를 간행하는데 머물지 않고 관내 의술이 뛰어난 자들을 발굴해 내고 이들의 경험방을 출간하기도 했다. 전라감사 안위安瑋(1498~1563)는 지역의 유의儒醫 임언국任彦國(?~?)의 치종술이 전하지 않는 것을 안타까워하다가 1559년(명종明宗 14) 정읍을 순행하던 중 『치종방治腫方』을 입수하고 바로 각수刻手 등을 동원하여 출판했다.[41]

사실 국가의 효율적인 통치를 위해서 무엇보다 지방 의료 시스템의 안정적인 구축과 의료 인력의 양성이 시급했다. 하지만 지방의 주요 행정 치소治所에 병원을 세우고 의사와 약재를 지속적으로 공급하려면 엄청난 재정이 소요되었을 뿐 아니라 필요한 인력을 양성하는데 많은 시간과 노력이 필요했다. 물론 값비싼 약재를 대신할 수 있는 향약재의 원활한 공급 또한 숙제였다. 갖추어야 할 제도와 해결할 문제가 하나 둘이 아니었다. 때문에 지방관들은 임시방편이지만 다양한 구급방 의서를 간행하여 보급했다. 나아가 이들 의서를 독해하여 지방민들에게 처방전이라도 알려줄 수 있는 지식인들 즉 향촌의 사족들이 이러한 '공공公共의 실천에 자발적으로 참여'해주기를 바라고 동시에 독려하고 있었다.

조선의 백성들 모두가 좋은 의료 혜택을 받아 인수仁壽의 지경으로 들어가기를 염원하는 마음은 왕을 포함한 지방관들의 한결같은 바람이었다. 조선이 건국되자, 바로 전국에 의원을 설치하고 의생을 파견하거나 양성할 계획이 수립되었다.[42] 1393년(태조 2) 전라도 안렴사 김희선金希善(?~1408)은 각 도에 의국 혹은 의원醫院을 설치한 후 의학교수 1인을 보내 양반 자제 가운데 우수한 이들을 의학생도生徒로 양성할 것을 건의했다.[43] 각 도에 도를 대표하는 의원을 설립하고 의생醫生과 약부藥夫를 두어 지방민을 위한 의료 서비스를 제공하도록 한 것이다. 아울러 의생 가운데 의업에 정밀한 자들은 특별히 선발하여 중앙의 전의감과 혜민국에서 활동할 수 있도록 신분 상승의 기회를 열어 주자고도 했다.[44]

한 도에 한 군데 의원을 설치하자는 논의는 15세기 중엽에 이르러 한 도에 세 군데로 의원 숫자를 확대하자는 주장으로 이어졌다. 1468년 의금부 관리 이인규는 한 도에 세 곳의 의원을 설치하고 의생 가운데 의술이 뛰어난 자를 의관으로 삼아 진상 약재 이외에 남은 재료를 가지고 환자를 치료하자고 주장했다.[45] 기본적으로 지방 의원은 각 도의 진상 약재를 납입하는 창구였지만, 조선 정부는 재지 사족들 중 의약에 밝은 이들을 의원에 배속시켜 지방 의료를 담당하는 인력으로 활용할 계획이었다.[46]

앞서도 언급했듯이 문제는 우수한 의료 인력의 양성과 배치였다. 또한 이들에 대한 대우 역시 중요했다. 양반 자제들 가운데 의업에 종사하려는 자들이 나타나지 않았기 때문이다. '기술직'에 대한 홀대가 가장 큰 이유였다. 의과나 의생 출신으로 전의감에 진출한 의

사들은 의관의 현직顯職 서용을 줄기차게 주장했지만, 문과 출신들의 반대가 만만치 않았다. 성종은 세상에서 의업을 천하게 여겨 좋은 인재들이 길러지지 않는다고 문신들을 비판했지만, 문과 출신들은 세조 대 전순의 같은 명의조차 품계가 정헌대부에 이르렀지만, 현직에 서용되지 않았다고 반박했다.[47]

지방 의원의 활성화는 좀처럼 기대하기 어려웠다. 결국 지방관들은 의서를 편찬하여 보급하는 형태로 열악한 향촌의 의료 상황에 대응하고 있었던 것이다. 근본적인 해결책은 재지 사족의 자제들 가운데 의학을 공부하여 지방 의료 문제에 앞장서도록 하는 것이었다. 물론 희망이 아주 없지는 않았다. 16세기 이래 성리학의 보급과 함께 과거를 위한 시험공부 대신 공동선을 위한 위기지학의 실천이 강조되었고, 관료가 되는 대신 지역의 공공 실천에 참여하려는 사족들이 늘고 있었기 때문이다. 이들은 의료뿐 아니라 교육이나 민생 등 지역의 다양한 문제를 스스로 해결하려는 의지와 실천을 통해 진정한 '지식인[斯文]의 역할'을 구하고 있었다.

16세기 이래 조선의 재지 사족들은 지역의 안녕에 도움이 된다면 불가佛家의 '적선積善'이나 성리학의 '공익公益'이 서로 다르지 않다고 강조했다. 가령 조선 최초의 서원이었던 백운동서원(후일 소수서원)의 설립에 공헌했던 경북 영주의 진사 황빈黃彬의 사례를 살펴보자. 창원황씨는 이미 선초에 경북 영주 지역에 정착했던 가문이었다. 황빈의 조부 황창黃瑒은 고을 훈도를 지냈으며, 부친이었던 황한충黃漢忠 역시 1496년(연산군 2) 생원시에 합격한 문장가였다. 황빈은 평생 중앙의 관료로 활동한 바 없었지만, 지역 내 여러 공공사업에 기여하고 있었다. 그는 1542년(중종 37) 백운동서원을 건립할 때 많은 자금을 기부하여 서원의 학전學田을 마련하는 데 일조했다. 뿐만 아니라 1537년(중종 32) 풍기의 석륜암石崙菴에서 『치문경훈緇門警訓』을 간행할 때도, 역시 상당한 금액을 시주하여 출판 경비를 보태었다.[48] 현존하는 석륜암 간본 『치문경훈』의 권말에 기부자의 명단이 수록되어 있는데 '대공덕주大功德主 진사 황빈'이 맨 앞에 수록되어 있다.[49] 이처럼 16세기 각 지역의 재지 사족들은 불경 간행에 앞장서는가 하면, 향교나 서원을 중심으로 유학의 가르침을 확산하는 데도 적극적으로 참여했다.[50] 당연하게도 활인活人의 방도인 의서를 편찬하고 지방 의국의 운영에 참여하거나 유의로 활동하는 일 또한 적덕이나 적선의 방도로 간주되었다. 사익이 아닌 공동선을 위한 재지 사족들의 활동이야말로, 위기지학을 핵심으로 하는 성리학의 가르침이 빚어낸 16세기 이후 조선의 주요한 풍경이었다.

앞으로 살펴보려는 영주의 제민루 그리고 강릉의 약국계와 상주의 존애원 모두 '공공의 실천'을 위한 중요한 '장'이었다. 가령, 영주

의국은 중앙에 진상할 약재의 수집과 관리와 같은 업무를 주로 하면서도, 16세기 이래 이석간이나 박종무와 같은 영주 사족들의 적극적인 참여로 조선 후기까지 유지될 수 있었던 가장 오래된 조선의 지방 의국 중 하나이다. 위기지학을 강조했던 독서인[斯文]들에게 공부란 단지 관료가 되기 위한 수단만이 아니라, 개인의 수양 너머 공동체(지역)의 존속을 위한 공공 실천을 의미했다. 이것이야말로 조선이 유학(성리학)을 국시國是로 삼아 '만인의 군자화'를 꾀했던 정치의 이상이자 목표였다.

# 3

## 영주 의국
### 제민루濟民樓

## 제민루의 설립 과정

『영주읍지榮州邑誌』에 의하면, 영주 의국은 1418년(태종 18) 영주군수로 부임했던 이윤상이 3칸 규모의 건물을 마련했던 것이 그 시초였다. 하지만 얼마 가지 못하고 의국은 폐지되고 말았다. 이후 1433년(세종 15) 영주군수였던 반저潘渚가 의국 제민루를 건축하고 학교와 의원의 기능을 겸하도록 했다. 제민루가 완공되자 영주의 교관敎官 문헌文獻은 「제민루기」를 지어 저간의 사정을 밝혀 두었다.[51] 문헌은 영주군수 반저가 고려 말 영주지사知榮州事에 부임했던 하륜의 뜻을 계승했다고 강조했다. 1371년(공민왕 20) 하륜이 영주의 지사가 되자, 그는 학교[향교]를 세워 교화를 밝히고자 했다. 이후에 향교가 쇠락하였는데 영주 사람들이 이를 중수하려고 했지만 뜻을 이루지 못하고 있었다. 1433년 영주에 부임했던 반저는 하륜의 유지를 이어받아 옛 향교의 터에다 동재東齋와 함께 남루南樓를 세웠는데, 이처럼 제민루는 향교와 의원 그리고 사족들의 향소를 겸하는 회의 장소로 운영되었다.[52]

문헌은 하륜의 흥학興學 취지가 제민루에 서려 있음을 설명한 후 의국으로서의 역할 또한 상세하게 논했다. 무술년(1418년) 영주군수 이윤상이 처음 영주에 부임하자 귀성龜城 남쪽에 의원 건물 3칸을 지었는데 매우 좁고 누추했다는 것이다. 후일 반저가 다시 진상 약재를 말리고 저장하는 장소가 좁다는 사실을 알고, 일손을 모아 청당廳堂과 심랑心廊을 짓고 또 물가에 터를 골라 축대를 쌓은 후 세 칸의 누각을 세웠다는 것이다. 이른바 동재의 터가 학교가 되어 풍습을 바루고 교화를 밝힐 수 있고, 남루의 터에 의원이 재건되어 임금께 진상하고 백성을 구제[濟民]할 약재를 마련할 수 있다는 내용이다.[53]

이윤상과 반저의 노력으로 제민루가 건립되고 연이어 수축修築되었으나 의국으로서의 기능은 그리 오래가지 않았던 것으로 보인다. 반저의 제민루 재건 후 30여 년이 지난 1468년 영주군수로 부임했던 정종소鄭從韶가 남긴 「제민루중수기」를 보면, 제민루는 의국이 아니라 향서당으로 활용되고 있었다. 정종소는 제민루 서쪽에 4칸을 덧대어 모두 7칸을 증축한 후 학교[향서당]를 마련했다고 강조했다. 선초 이래 제민루는 의국과 학교, 향소의 복합공간으로 운영되었고, 실제 의국보다는 영주의 자제들이 학업을 익히거나 향중 부로들의 향음주례와 향사례 모임 장소로 활용되고 있었던 것이다.[54]

제민루가 의국의 기능을 회복한 것은 백여 년이 지난 1591년(선조 24)에 이르러서였다. 영주군수 이대진은 제민루 북쪽 터에 기왕에 지어진 규모보다 크게 건물을 재건하여 의국으로 만들었다. 이어 의국의 운영을 담당할 도감都監 1인을 선발하여 엄격하게 관리하도록 했다. 당시 영주 의국의 도감을 향소의 좌수로 하여금 겸하도록 했는데, 이미 영주의 재지 사족들이 의국 운영에 깊이 관여했음을 알 수 있다.[55] 군수 이대진은 제민루 이외에 1588년(선조 21) 영주 향교의 동무와 서무를 새로 건축하여 중국과 조선의 현인을 배향하기도 했다.[56] 비변사에서 이대진을 가리켜 무재武才가 탁월하여 융막戎幕에서 쓸 만한 인물로 평가했던 것을 보면,[57] 이대진은 주로 변방 지역의 군수로 활약했음을 짐작할 수 있다. 그럼에도 영주에 부임하자, 이대진은 학교를 재건하고 의국을 증축하여 지역민의 교육과 의료 혜택의 확산을 도모했던 것이다. 16세기 조선의 향촌에 학문을 보급하고 의료 혜택을 확산시키려는 노력은 지방관의 문·무과 출신 여부를 가리지 않았다. 기본적으로 제민루의 역할이 약재 납입이라는 공국公局의 임무를 띠고 있었으므로 영주에 부임했던 지방관들의 의지가 무엇보다 중요했다. 나아가 의국 운영에 참여했던 재지 사족—좌수·별감을 비롯한—들의 기여 또한 무시할 수 없었다.

한마디로, 15세기에 건립되어 치폐를 거듭했던 제민루는 기본적으로 학교와 의국 그리고 향소의 기능을 두루 감당했으며, 때에 따라 학교의 기능이 앞서거나 의국의 비중이 커지는 경우도 있었으나, 16세기 후반에 이르러 이대진의 증축 및 제도 정비에 따라 의국

**그림 1**
제민루

으로서의 정체성을 가질 수 있었던 것으로 보인다. 당시 경북을 비롯한 여러 군데의 학자들이 제민루에 모여들어 경전을 공부하는 강학의 장소로 삼거나 틈틈이 의술을 익힐 수 있는 공공의 터로 삼고 있었다. 일찍이 퇴계 이황은 약관의 나이에 제민루를 방문한 적이 있었다. 1523년(중종 18) 이황은 친구들과 더불어 영주의 제민루에 모여 『소학』을 강독했던 것으로 알려져 있다. 영주 출신의 박승건(소고 박승임의 형)이 동참했는데 퇴계의 행동거지를 살펴보니 『소학』의 가르침 그대로였다. 퇴계의 덕행을 익히 알면서도 의아하게 생각했던 박승건이 퇴계에게 이미 『소학』을 공부하고 와서 그대로 행동하는지를 물었을 정도였다는 것이다. 고사의 취지가 퇴계의 타고난 언행을 타고난 바로 칭송하고 『소학』을 공부한 후 더욱 훌륭해졌다는 사실을 찬양하는 것이지만, 이상의 기사를 통해 제민루가 경북 지역 내 학자들의 중요한 공부처였음을 짐작할 수 있다.[58] 이처럼 퇴계를 비롯해 경북의 여러 학자들이 영주의 제민루를 방문하여 학문을 논하거나 교유를 통해 서로의 의술 및 의학 지식 등을 공유했던 것으로 보인다.[59] 퇴계가 말년에 건강이 좋지 않자 지역의 유의들이 치료에 참여했는데, 명의로 알려졌던 영주의 이석간 역시 퇴계의 동학이자 제자로 당시 제민루에서 활동했던 유의였다는 사실이 이를 증명하고 있다.[60]

강학 장소로서의 제민루의 정체성은 후일 이산서원伊山書院 탄생의 계기가 되기도 했다. 이산서원은 1558년(명종 13) 영주군수 안상安瑺(1511~1579)의 주도로 만들어졌는데, 이듬해인 1559년(명종 14) 퇴계 이황은 「이산서원기」를 지어 건립 저간의 사정을 간단하게 설명해 두었다. 퇴계는 경북의 사족들이 의국 제민루[濟院]의 공간을 임시로 빌려 공부하다 보니 늘 불편했다고 언급하고, 이를 딱하게 여긴 영주군수 안상이 영주의 전응벽·빈수검·안팽수 등의 지원을 받아 1558년(명종 13) 7월 공사를 시작한 지 4개월여 만에 32칸의 규모로 서원을 완공했다고 밝혔다. 이산서원이 완성되자, 영주의 장수희, 박승륜, 김륵 등 유생 12명이 입원하여 공부할 수 있었다고도 강조했다.[61]

> 영천[영주]은 소백산 남쪽에 자리하여 땅에 신령한 기운이 넘치고 풍광이 아름다워 인재들이 많이 모이는 곳이라 불린다. 그곳의 풍속은 문예를 숭상하여 더욱 함께 모여 공부하기를 좋아하니 이를 거접居接이라 했다. 고을 선비들이 모일 뿐 아니라 다른 지방에서 책 상자를 지고 배우러 오는 자들도 많았지만 싫어하지 않았다. 관에서 공금을 희사하여 거의 해마다 빠뜨리지 않았으니 오랜 전통이었다. 예

부터 곡식 약간 섬을 가지고 뛰어난 선비를 양성하는 기금으로 삼았는데, 1504년(연산군 10) 군수 이항李沆이 마련한 것으로 적당한 사람에게 관리하도록 하여 교체하지 않았으니 인재 양성의 뜻은 다른 고을이 미칠 바가 아니었다.[62]

영주군수 이항李沆(1474~1533)은 1509년부터 학자곡學資穀을 마련하고 존본취리存本取利하여 영주 교육을 위한 기금으로 활용 중이었다.[63] 『제민루지』를 보면 16세기 초반의 사정이 자세하다. 1523년 제민루의 「접중입의接中立議」를 보면, 귀원龜院(제민루)의 운영은 1509년(己巳, 중종 4) 군수 이항이 마련한 쌀 10석과 콩 5석으로 운영되었으며, 1523년 당시에는 40석의 모곡이 운영 자금으로 남아 있었다.[64] 「기문」에서 퇴계가 언급했던 1504년은 이항이 영주에 부임했던 첫해이고, 부임 초부터 흥학에 뜻을 두었던 이항은 1509년 학교 기금을 본격적으로 마련하여 제민루에서 공부할 수 있는 자본으로 사용했던 것으로 보인다.

서원의 기금운영은 매우 엄격했다. 1) 매년 모곡을 빌려주고 이자를 받아 자본금을 늘려나가도록 했다. 2) 이를 점검하는 회의를 정기적으로 개최했을뿐더러, 매년 거접 유사를 교체하도록 했다. 3) 출납을 엄밀하게 하여 기금의 남용을 방지했으며, 4) 공적인 회의가 아닌데 무단으로 기금을 지출한 자는 공부 모임에서 쫓아내도록 했다. 마지막으로 5) 접중接中 인원을 교체하거나 신규 가입을 승인하는 회의에 무단 불참할 경우 이를 처벌하는 조항도 마련했다.[65]

1523년(중종 18) 제민루의 거접 명단을 보면, 공주이씨 가문의 이겸, 이함 형제를 비롯하여 예안 김영균, 순흥 안세준, 선성 김박, 한양 조예원, 청주 한세진, 인동 장응신, 영천 민우상, 옥천 전응복·전응방 형제, 평해 황효공, 진성 이해·이황 형제, 봉화 금축, 단양 우혼, 공주 이석간, 반남 박승간·박승건 형제 등 유력한 재지 사족들의 이름이 다수 기록되어 있다. 영주를 비롯하여 인근의 재지 사족들이 모두 제민루에 모여 경학經學과 시회詩會 등 학문 활동의 장소로 활용하고 있었던 사실을 알 수 있다. 또한 군수와 지역의 사족들이 마련한 운영 기금은 거접 유사를 담당했던 사족들의 책임하에 자율적으로 관리되고 있었다. 조금 장황하게 서원의 거접 활동 운영 방식을 설명한 이유는 후일 제민루가 의국의 기능을 수행할 당시에도 이러한 서원의 기금 운영 방식을 그대로 따랐음을 강조하기 위함이다.

다시 퇴계의 기억으로 돌아가 보면, 제민루 한구석을 빌려 강학이나 공부처로 삼다 보니 모인 사람들이 빨리 헤어져야 했고 이를 아쉬워했다는 것이다. 퇴계의 언급은 결국 제대로 된 서원 건물, 즉 강학처가 필요하다는 주장이었고 그 이면에는 제민루가 기본적으로 학교와 의국 그리고 향소를 겸하고 있었지만 기본적으로는 '의국'으로 인식되었음을 말해주고 있다.[66]

경북의 재지 사족들을 위한 공부와 회의 장소로 사용되던 제민루는 1554년 이산서원의 설립을 계기로 학교의 기능이 분리되고 본격적으로 의국의 역할에 충실할 수 있었다. 이후 1591년 영주군수 이대진이 의국 운영을 위한 「입의」를 마련하고 재원을 확보함으로써 확실하게 '지방 의국'으로서의 제민루의 정체성과 역할을 부여했다. 16세기 말에 편찬되었던 『신증동국여지승람』에는 제민루를 '영주의 의국[醫學樓]'이라고 정확하게 밝히고 있다.[67]

불행하게도 1591년 의국의 기능을 회복했던 제민루가 어떻게 운영되었는지 알려주는 자료들은 현재 거의 남아 있지 않다. 『영주읍지』에 전하는 운영을 위한 규칙들[입의]과 『잡물질불망기雜物秩不忘記』(이하 「잡물질」)라는 몇 건의 고문서를 통해 어느 정도 짐작할 수 있을 뿐이다. 다음은 이상의 문서에 근거하여 제민루 의국의 운영 상황을 탐구해 보려 한다.[68]

먼저 『영주읍지』에 수록된 「의원입의醫院立議」를 살펴보자. 「입의」는 군수 이대진이 의국 제민루를 복설하던 1591년 함께 마련했던 것으로 보인다. 현존하는 『영주읍지』는 1625년(인조 3) 영주 사족 취사炊沙 이여빈李汝馪(1556~1631)의 주도로 편찬되었는데, 1591년 제민루 복설 후 수십 년이 지나지 않은 시점이었으므로,「입의」의 원형을 그대로 읍지에 수록할 수 있었던 것으로 보인다. 제민루 운영「입의」는 현존하는 조선시대 지방 의국의 규칙으로는 가장 앞선 시기의 자료로 판단된다.[69]

임란 이후 17세기 전반, 조선의 재지 사족들은 경쟁적으로 지역 읍지를 간행하였는데, 이를 통해 해당 지역의 풍속이 돈후하다는 사실, 즉 군자들의 거처임을 강조하고자 했다.[70] 읍지에는 전쟁 중에 국가에 대한 충의를 다했던 의병은 물론이거니와 효孝와 열烈의

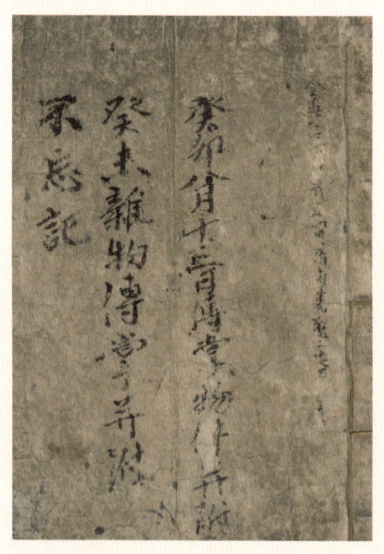

**그림 2**
제민루 의원, 『잡물질불망기雜物秩不忘記』, 소수박물관 소장

대표적인 사례들이 빠지지 않고 수록되었다. 나아가 향약鄕約을 비롯해 공동체의 존속을 위한 공공의 실천 역시 빼놓을 수 없는 항목이었다. 교화의 핵심 제도였던 학교와 구휼의 기초인 의원이나 의국에 대한 정보들은 간단하나마 읍지에 기록되고 있었다. 이여빈을 비롯한 영주의 사족들은 『영주읍지』를 편찬하면서 의국 제민루를 공공 실천의 장소로 파악하고 있었다.[71]

16세기 말의 「입의」만을 가지고 제민루 건립 초기의 상황을 정확하게 예측할 수는 없지만, 의국의 운영 규칙을 정리해 둔 「입의」가 의례히 기왕의 조목들을 유지하면서 증수되었던 관행을 고려한다면 제민루의 운영 양상을 어느 정도 추론할 수 있다. 제민루 「의원입의」를 항목별로 정리하면 우선 총론에 해당하는 내용이 눈에 띈다.

> 1. 의원의 모든 일은 일향一鄕이 상의한다. 향소에서 근면한 사람 1인을 뽑아 전적으로 담당하도록 한다[醫院凡事 一鄕相議 擇鄕所勤幹者一員 專掌檢擧].

> 1. 향소에서 약리藥理를 잘 알고 공정하면서 근실한 자를 선발하여, 삼망三望을 갖추어 수령에게 보고하여 정한다. 도감 2인은 의원 내의 모든 일을 일일이 총괄한다. 만약 기피하

는 자가 있으면 향중에서 논벌한다[鄉所 擇曉解藥理 公正勤事者

備三望 告官定 都監二員 院中凡事 一一總治 如有服避者 鄉中論罰].

  이상의 총론을 통해 지방 의국이 지방관의 관리하에 있었지만, 재지 사족들의 모임인 향소에서 근면한 이들을 선발하여 운영을 맡겼다는 사실을 알 수 있다. 유향소의 좌수·별감 중에 의국을 총괄할 검거 1인과 도감 2인을 골라 제민루의 운영을 책임지도록 한 것이다. 물론 지방관의 최종 승인[삼망]이 필요했다. 특히 약리를 잘 알면서 근면한 이를 골라 의국의 도감에 임명한 것을 보면 재지 사족들 중 일부를 의생으로 양성하려는 계획과 깊이 연관되어 있었던 것으로 보인다. 다시 언급하겠지만 16세기 영주의 유의 이석간이야말로 제민루의 도감에 가장 어울릴 법한 인물이 아닐 수 없다.

  제민루에는 도감과 같은 일종의 관리직 이외에 잡무 및 서기를 담당하는 장무掌務, 그리고 산과 들로 다니면서 약재를 수집하는 채약부[採藥]와 약재 창고를 지키는 고직庫直 등 하급직도 마련되어 있었다.

> 1. 장무와 고직과 채약 등이 만약 죽거나 위중한 병에 걸린 경우, 곧바로 관청에 보고하여 정원을 채우도록 한다. 관

에서 혹 직임을 옮기거나 빼앗는 폐단이 있으면 향중이 일제히 모여 회합한 후 의견을 진달하고 끝까지 요구한다掌務及庫直採藥人等 如有物故篤疾者 則輒告官充定 官家或有遷動奪取之弊 一鄕齊行陳達 期於得請].

  위의 조항을 보면, 장무와 고직 그리고 채약인들에 관한 규정을 정해두고 지방관의 마음대로 직임을 선택하지 못하도록 했다. 장무와 고직 및 채약 선발 과정에서 향중의 의견을 관철할 수 있도록 조항을 마련하여 의국의 사무를 지방관이 독자적으로 좌지우지할 수 없도록 했던 것이다. 지방관의 관리감독을 받으면서도 사족들의 책임하에 자율적으로 의국을 운영할 수 있도록 관리 규정을 준비해 두었던 것을 알 수 있다.

  다음, 제민루의 가장 중요한 임무 가운데 하나인 약물 제조와 판매 등에 관한 규칙이다.

> 1. 전제典劑(약물제조 담당) 4명은 군역을 면제하여 차출하고 이미 군역에 소속된 자는 아들이나 손자를 대신 면역하고, 천역을 시키지 않는다典劑四員 除軍役差定 若已屬軍役者 給其代子孫 不爲賤役].

1. 제약 시에 혹 다른 재료나 순정하지 않은 약재를 섞어 사람을 속이고 이득을 취하는 자가 있다면 향중의 공의로 고역에 충정한다[劑藥時 或以他材 或以不精相雜 罔人以取直者 鄕中公議 移定苦役].

1. 전제典劑 4명은 공부 외에 5결 전세를 면제한다[典劑四員 貢賦外五結復戶].

위 조항들은 약물 제조 인력[典劑]의 확보 및 관리에 관한 규정들이다. 의국의 가장 중요한 임무 중 하나가 각종 구급 및 상비약을 제조하여 인근 지역의 환자들에게 공급하는 일이었다. 의서를 읽거나 약재를 분별할 수 있는 지식인들 이외에 실제 약물을 제조할 수 있는 인력이 필요했다. 약물 제조를 위해서 양인 4명이 차출되었는데, 이들에게는 군역을 면제하는 특혜를 제공했다. 아울러 그 혜택을 아들이나 손자에게 물려줄 수 있도록 했다. 고역이나 천역을 면하는 대신, 약물 제조에 전념할 수 있도록 배려한 것이다. 특히 군역 이외에 5결 전세 또한 면제해 주는 특혜를 베풀었는데, 이는 전제의 역할이 그만큼 중요했기 때문이다. 약물을 제조하는 과정에서 처방전과 다른 약재를 첨가하거나 품질이 좋지 않은 약재를 사용하는 등 잘못을 저지른 경우 바로 고역에 충정토록 한 조항을 보면, 양질의 상비약(구급약)을 얻기 위해 상당히 노력했음을 알 수 있다. 향리鄕里에서 어느 정도 약리에 밝은 데다 좋은 약재를 선별하여 고품질의 약물을 제조할 만한 양심 있는 사람을 구하기란 쉽지 않았다. 약물의 제조 과정이 신뢰를 얻지 못한다면 아무리 귀하거나 고가의 약재를 사용한다고 해도 지역민들이 의국에서 생산하는 상비약을 구입하지 않을 터였다. 의국의 핵심인 약재 관리 및 약물 제조 과정, 그리고 이후의 판매 관리에 대한 규정은 매우 엄격했다.

> 1. 무약인 이외 번잡하게 약방에 출입하는 자는 향소에서 금지하고 어린이[총각]의 경우 부형을 논죄한다[貿藥人外 紛擾出入藥房者 鄕所禁斷 總角則父兄論罪].

> 1. 약값을 치르지 않은 채 강제로 약물을 취하려는 자와 후일 지불하겠다며 핑계를 대는 자는 비록 관원이라도 허락하지 않는다. 품관은 향중에서 손도한다[不給價物 欲以力取者 及托稱後給者 雖官員 亦不可許 品官則鄕中損徒].

약재를 사고팔기 위해 출입하는 무약인 이외 모든 이들의 약방

출입을 엄금했다. 약방에 무단으로 출입한 총각의 경우, 나이 어린 자를 관리할 의무가 있는 부친이나 친형에게 책임을 묻기도 했다. 약물의 판매 관리도 매우 철저하여 절대 외상을 허용하지 않았던 것으로 보인다. 의국의 약재나 상비약을 팔아 남은 이익이 다시 의국 운영의 자본금이 되었기 때문에 외상을 허용하거나 비용이 회수되지 않는 일이 잦아지면 의국은 파산할 수밖에 없었다. 약값을 치르지 않거나 외상을 요구하는 경우, 관원이나 유향 품관을 포함한 향중의 사족들을 막론하고 결코 허용하지 않았다. 약물을 강제로 빼앗거나 약가藥價를 갚지 않은 품관의 경우 향안鄕案에서 이름을 지우는 처벌도 마다하지 않았다. 이로써 의국 제민루가 관권이나 향중 사족들의 핍박으로부터 자유롭게 운영될 수 있도록 상당한 노력을 기울였다는 사실을 짐작하게 된다.

　지방관이나 관청의 서리들, 그리고 향촌 내 사족들 모두 제민루의 운영 규칙을 지키도록 요구받았던 만큼, 의국의 공정한 운영을 훼손할 경우 여러 가지 징벌이 뒤따랐다. 특히 제민루의 유지를 위해 가장 중요했던 약물 제조인[典劑]이나 잡무를 담당했던 장무와 채약부에 대한 사적인 침학은 철저하게 금지되었다.

　　1. 향중의 품관이나 하리下吏들이 혹 사적인 원한으로 함부

로 전제와 장무 그리고 약한藥干을 침학했을 경우 발견 즉시 징벌하고 심한 경우 관에 보고하여 치죄한다[鄕中品官及下吏等 或以私嫌 擅自侵虐典劑掌務及藥干者 隨現懲罰 甚者告官治罪].

　제민루는 의국의 검거나 도감을 담당했던 재지 사족들의 공공에 대한 책임감과 엄격한 관리 능력, 그리고 장무나 전제와 같이 의국의 살림을 정확하게 관리하고 양심적으로 약물을 제조하여 의국의 운영금을 마련하는 이들의 협조 없이는 지속될 수 없었다. 뿐만 아니라 지역의 산과 들을 누비며 약재를 채취하고 건조하는 데 필요한 땔감 등을 제공할 인력들이 필요했다. 이들 약한, 즉 채약을 위한 고된 임무는 승려들의 몫이었다. 제민루의 경우 지역 내 승려 10명을 선발하여 승역을 면하는 대신 채약의 임무를 부여했다. 산간 지리에 밝은 데다 다양한 약용 동·식물에 대해 비교적 풍부한 지식을 가졌던 승려들로 하여금 약재를 채취하고 수집하는 역할을 담당토록 했던 것이다[本鄕僧人十名 除僧役採藥]. 이외에 승려 40인을 의국에 임시 배정[假屬]하여 땔감을 준비하거나 약방의 난방을 책임지도록 했다[假屬四十名 備納柴木 點火藥房]. 계절마다 약재를 채취하고 산에서 땔감을 마련하는 노력 이외에도 승려들은 약을 달이거나 약재를 건조하는 데 필요한 숯 제조에 동원되기도 했다[本郡僧人五

名 除僧役 備納炭石 焙乾藥材]. 영주 근방의 승려 50여 명 이상이 수시로 제민루의 땔감과 숯, 그리고 약재 채취를 위해 힘든 일을 도맡았던 것이다.

제민루 의국에서 소용된 약재 채취를 위해 지역의 승려[10명] 이외에 20명의 약한이 더 배정되었다. 약재 채취를 위한 채약부는 도합 30명이었다[藥干二十名 定給]. 이들은 사계절 내내 제민루 의국에 배정된 공납 약재의 채취를 도맡았을 뿐 아니라 채취하기 어려운 약재의 경우 의국 소속 둔전屯田에서 재배하여 납입했다.[72] 마지막으로 제민루의 구성원에는 음식 등 먹을거리를 마련할 식모食母 한 사람이 필요했다. 지방 관아 소속의 관비官婢 중에 차출되었을 식모는 제민루 의국에 상주하면서 물을 길어오거나 밥과 찬을 준비하여 의국의 살림살이를 도왔을 것으로 보인다.

한편, 제민루 의국의 운영 재원(1591년)에 관한 규정을 살펴보자. 「입의」를 보면 제민루의 운영 자금은 정미 80석, 정조 40석, 황조 60석 그리고 정목 40필로 이루어져 있다[寶上元數 正米八十石 正租四十石 荒租六十石 正木四十疋]. 기금은 기본적으로 국가에서 마련한 제민루 둔전屯田에서 충당했지만, 서원 건립과 유지에 재지 사족들의 기부금이 활용되었던 것을 보면 의국 운영에도 사족들이 기여가 있었을 것으로 추측된다. 어쨌든 의국의 운영 재원은 약물 제조를 담당한 전제 4인 가운데 한 사람을 골라 전적으로 관리하도록 했다. 제민루에 소속되었던 총 4인의 전제 가운데 한 사람이 재정을 관리하고 해마다 교대로 맡는 방식이었다.

뒤에서 언급하겠지만, 17세기 중반 제민루 의국의 재정을 관리했던 박종무 역시 영주의 재지 사족이었다. 박종무는 의국의 원금 유지야말로 의국의 지속가능성을 담보하는 제일의 요소라고 강조했는데, 이처럼 제민루 의국의 재정 운용은 원금에 해당하는 자본금은 가능한 남겨두고 약물이나 약재를 매매하여 남긴 이자 수익을 통해 운영되었다. 혹여 원금이 줄어들면 담당 전제와 고직庫直이 이를 채워 넣도록 하는 강제 규칙도 마련했다. 전제는 양질의 약물 제조뿐 아니라 기금운영에도 깊이 관여하고 있었던 만큼 제민루 운영의 성공 여부를 결정하는 중요한 인물이었다. 이들에 대한 관리나 향촌 사족들의 간섭과 침학을 엄격하게 금지했던 이유가 분명했다.

이상 제민루 의국 「입의」에 규정된 운영 원리와 구성원들의 업무를 정리해 본 것이 〈표 1〉이다. 무려 백여 명에 이르는 사람들이 제민루의 운영에 직·간접적으로 관여하고 있었다.

〈표 1〉 제민루濟民樓 의국醫局의 직위와 업무 담당

| 직위 | 담당계층 | 비고 |
|---|---|---|
| 검거檢擧(1인) | 사족士族 | 좌수·별감(약리藥理에 밝은 사족) |
| 도감都監(2인) | | |
| 장무掌務 | 양인良人 이상 | 의국 운용 및 관리 |
| 전제典劑(4인) | | 약물 제조 및 자금 운용 |
| 고직庫直 | 양良·천賤 | 약재 창고 관리 |
| 약간藥干(20인) | | 약재 채취 및 재배 |
| 관비官婢(1인) | 공천公賤 | 식모食母 |
| 채약승採藥僧(10인) | 승僧[승려] | 약재 채취 및 재배 |
| 탄석승炭石僧(5인) | | 숯 공급 |
| 시목승柴木僧(40인) | | 땔감 공급 |

## 유의 이석간 李碩幹

제민루 의국의 운영과 관련하여 명의로 유명했던 이석간李碩幹 (1509~1574)에 주목할 필요가 있다. 이석간은 초시에 합격하고 잠시 서울에 올라가 관료 생활을 했지만, 곧바로 낙향하여 경북 지역의 유의儒醫로 활약했다.[73] 소수박물관에 소장 중인 공주이씨 가문의 『공산세승』에는, 이석간의 가계와 본인의 생애를 알려주는 「묘표」가 수록되어 있다. 공주이씨가 영주에 이주한 것은 이석간의 증조부인 이진李畛 때였다. 이진이 영주의 선성김씨 집안(선초의 관

**그림 3**
『공산세승』 권1 표지와 이석간 부분, 소수박물관 소장

3. 영주 의국 제민루濟民樓

료이자 천문학자 김담金淡(1416~1464)의 가문)에 장가들면서 처가로 삶의 터전을 옮긴 것이 이주의 계기였다. 이석간의 아버지 이함李諴은 생원시에 합격하였으나 끝내 대과에 나아가지 않고 영주에 은거했다. 어머니는 안동권씨 권사빈權士彬(1449~1535)의 딸이었으니, 봉화의 충재 권벌이 곧 이석간의 외숙이었다. 한 마디로 이석간은 증조부 이래 경북 지역의 사족들과 혼인을 통해 재지 사족으로 성장했던 가문의 일원이었다. 이석간 역시 부친과 마찬가지로 사마

**그림 4**

『공산세승』 권1 「대약부」, 소수박물관 소장

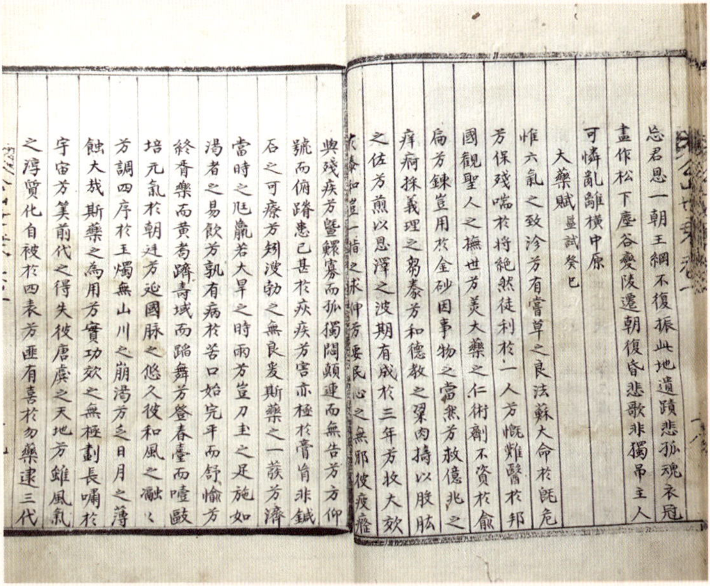
忘君恩一朝王綱不復振此地遺蹟悲孤魂衣冠
盡作松下塵谷變陵遷朝復昏悲歌非獨弔主人
可憐亂離橫中原
大藥賦 壘試 癸巳
惟六氣之致沴兮有嘗草之良法蘇大命於旣危
兮保殘喘於將絕然徒利於一人兮慨難醫於邦
國覩聖人之撫世兮羙大藥之仁術劑不資於愈
扁兮鍊豈用於金砂因事物之當然兮救億兆之
痒痾探義理之芻豢兮和德教之粱肉擣以股肱
之佐兮煎以恩澤之波期有成於三年兮收大效
[illegible]之求仰兮要民心之無邪彼疲癃
興殘疾兮鰥寡而孤獨悶顛連而無告兮方仰
號而偷蹐患已甚於疢疾兮害亦極於膏肓非鍼
石之可療兮剡渡勃之無良爰斯藥之一蔪兮濟
當時之阽亂若大旱之時雨兮豈刀圭之足施如
渴者之易飲兮孰有病於苦口始完平而舒愉兮
終香樂而黃耇躋壽域而蹈舞兮登春臺而嘔歐
培元氣於朝廷兮延國脉之悠久彼和風之融融
兮調四序於玉燭無山川之崩渴兮無日月之薄
蝕大哉斯藥之為用兮實功效之無極劃長嘯於
宇宙兮羙前代之得失彼唐虞之天地兮雖風氣
之淳質化自被於四表兮亟有喜於勿藥逮三代

시에 합격하였으나 대과에 오르지 못하고 음보蔭補로 한성부 남부의 참봉직을 역임한 경력이 있다. 문음으로 낮은 지위에 오르기는 했지만 이석간의 관직 생활은 그리 길지 않았다. 승진 등 여러 가지 어려움을 겪고 방황하다가 낙향했던 것으로 보이기 때문이다.

이석간이 25세이던 1534년(중종 29) 그가 작성했던 진사시 답안지에는, 유학자로서의 높은 뜻이 잘 드러나 있다. 말이 행동보다 앞서거나 언행의 불일치를 비판한 내용으로 말 한마디 한마디의 득실을 강조하면서 근신하지 않으면 치욕을 당할 뿐이라고 강조했다. 군자는 성誠과 신信을 다해 말과 행동이 일치하는 삶을 살아야 한다는 주장으로 그 요지는 당시 사림파를 중심으로 유행했던 『소학』 실천 운동과 크게 다르지 않았다. 한 마디로 군자는 위기지학을 통해 자신의 역할을 다해야 한다는 내용으로, 중앙의 관료로 충분히 활동할 수 없다면 지역 공동체를 위한 공공의 실천 또한 무방함을 암시하고 있다.[74]

유의로서의 이석간의 면모는 역시 과부科賦로 제술된 「대약부大藥賦」(1533년)를 통해 조금 더 깊이 살펴볼 수 있다. '대약부'는 의술에 빗대어 세상의 병통을 구해야 한다는 자세를 밝힌 글이다.[75] 이 글을 통해 일찍부터 이석간이 의약을 통한 제세구민의 포부를 지녔던 사실을 알 수 있다.

| 惟六氣之致沴兮 | 육기六氣가 나쁜 기운 불러들이지만 |
| 有嘗草之良法 | 약초로 치료하는 좋은 방법이 있네. |
| 蘇大命於旣危 | 생명 위독하지만 살려내고 |
| □殘喘於將絕 | 목숨 끊기려지만 숨 쉬게 하네. |
| 然徒利於一人 | 다만 한 사람에게만 이롭고 |
| 慨難醫於邦國 | 안타깝게도 나라 전체에 의술 베풀기는 어렵다네. |
| 觀聖□之撫世兮 | 성인이 세상 보살피는 방법을 살펴보니 |
| 美大藥之仁術 | 아름답구나, 인술仁術이라는 선약仙藥 |
| 因事物之當然兮 | 사물의 마땅한 이치에 근거하여 |
| 救億兆之痒痾 | 많은 이들의 질병을 구제하리라 |
| | (이하 생략)[76] |

    이석간은 젊어서부터 어머니의 병환을 직접 치료하고자 약재를 선별하고 의서를 공부하여 어느 정도 의술에 자신이 있었다.[77] 그러나 유의로 활동하기보다는 과거에 합격하여 관료가 되고자 했다. 이에 진사시에 응했지만 대과의 뜻을 이루지 못하였고 관직에 올라서도 여의치 않자, 낙향하여 제민루를 중심으로 유의로 활동했던 것이다. 음보로 관직에 오른 이상, 정식으로 대과에 합격하지 않고

서는 제대로 된 관로 진출이 어려웠다.[78]

 1539년(중종 34) 외숙 권벌이 중국으로 사신의 임무를 떠나자, 이석간은 외숙을 따라 파주와 개성까지 동행하기도 했다. 1539년 윤 7월 28일 권벌은 파주에 도착하여 파주목사 조세영과 밥을 먹었다고 밝힌 바 있는데, 파주목사 조세영은 이석간의 장인이기도 했다.[79] 이석간은 처음에 조세영의 딸과 혼인하였지만, 슬하에 자식을 얻지 못한 채 부인이 사망하자,[80] 외숙과 함께 장인을 찾아뵈었던 것이다. 권벌 일행은 파주를 떠나 개성으로 출발하고, 이석간은 권벌과 헤어져 일대를 유람했던 것으로 보인다.[81] 30대의 이석간이 타지에서 세월을 보내자, 아버지 이함은 아들에게 편지를 보내 허송세월을 그만두고 과거 공부에 매진할 것을 당부하기도 했다.[82]

 이석간의 방황은 36세가 되던 1545년의 을사사화, 그리고 외숙 권벌마저 피화를 면치 못했던 정미사화(1547년) 등을 겪으면서 마무리된 듯하다. 윤원형 일파의 전횡을 목도했던 이석간은 출세의 뜻을 완전히 접고 귀향하여 의술에 침잠했다.[83]

 이석간의 의술에 대한 사족들의 믿음은 대단했다. 그의 명성은 영남에 국한하지 않았다.[84] 백곡 정곤수鄭崑壽(1538~1602)는 이석간의 학문이 광대하다면서 특히 의술에 밝았다고 칭송한 바 있는데, 이석간이 사람을 한눈에 알아보고 미래를 예측하는 선지자의 풍모

마저 갖추었다고 평가했다.[85] 영주의 사족 박승임朴承任(1517~1586) 역시 아들(박록, 1542~1632)의 질병 치료는 물론 본인이 말에서 떨어져 크게 다쳤을 때도 이석간의 치료로 회복할 수 있었다고 고마워했다.[86] 후일 박승임의 손자 삼락당三樂堂 박종무朴從茂(1582~1664)는 제민루의 재정 운영을 도맡아 의국의 정상화에 큰 공을 세우기도 했다.

이미 이석간은 성균관 수학 시절부터 명의로 이름을 날리고 있었다. 경향 각지에서 이석간에게 처방이나 왕진을 부탁하는 편지가 그치지 않았다. 김해의 어응진魚應辰(1510~1572)은 1528년(중종 23) 생원시에 합격한 후 성균관에서 함께 수학했던 동료였는데, 30여 년 지난 후에도 젊은 시절 이석간의 명성을 잊지 않고 처방을 구할 정도였다. 이석간은 젊은 시절 어머니를 치료하기 위해 의서를 열람했을 뿐 전문적인 의원이 아니므로 처방의 효과를 너무 기대하지 말라고 겸손하게 응대했다.[87]

서울에 거주하던 병산 김난상金鸞祥(1507~1570) 역시 이석간의 의술을 크게 신뢰한 인물이었다.[88] 그는 문안 편지와 함께 서울 자신의 처소에 이석간의 왕림을 부탁했다. 서울에 침의鍼醫들이 여럿 있지만, 원침圓鍼을 사용할 줄 모르고 심지어 사람을 죽게할 뿐이니 이런 자들에게 자신의 몸을 맡길 수 없다는 하소연이었다.[89] 또 다른 편지에서는 이질을 앓은 자신의 병에 백약이 무효하므로 이석간이 행장을 꾸려 왕진하는 수밖에 달리 방법이 없다고 간촉하기도 했다.[90]

이석간의 의술은 처가와도 깊은 관련이 있었다. 첫째 부인 조씨를 잃은 후 이석간은 연안이씨 이린李獜의 딸을 재취로 맞이하였는데, 부인 이씨의 외조부인 눌재 이홍준李弘準은 안동의 내성 동약을 시행했던 재지 사족이자, 구급방『신선태을자금단방』의 저자 이종준李宗準(?~1499)의 동생이었다.[91] 연안이씨 처가로부터 의학에 관련한 다양한 지식과 기술이 이석간에게 전수되었을 것으로 보인다.

관료의 길을 포기하고 영주로 낙향했던 이석간은 젊은 시절부터 익혀온 의술[黃岐]을 제민루 의국의 활동을 통해 펼쳐 놓았고, 이로 인해 유의라는 명성을 얻을 수 있었다.[92] 16세기 후반 영주의 이석간, 풍기의 민응기, 예안의 이연량 등이 영남의 명의로 거론되고 있었는데, 단연 이석간의 의술이 으뜸이라는 평가였다.[93] 이석간의 유명세는 1570년(선조 3) 11월 퇴계 이황을 마지막으로 진맥하고 제약製藥한 사실에서도 잘 드러난다.

> 퇴계 선생님께서 가래와 열이 많아 말씀도 힘들어하셨다. (중략) 구성龜城(영주)의 참봉 이석간, 기성箕城(풍기)의

### 그림 5
이석간 관련 자료, 소수박물관, 「儒의 道로 仁의 術을 펴다: 영주의 공주이씨 사람들」, 2011

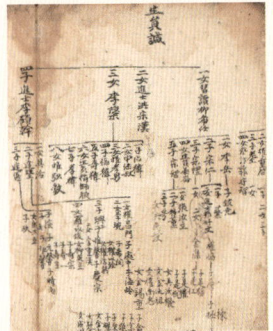

### 그림 5-1
이석간 세계

### 그림 5-2
이석간 묘

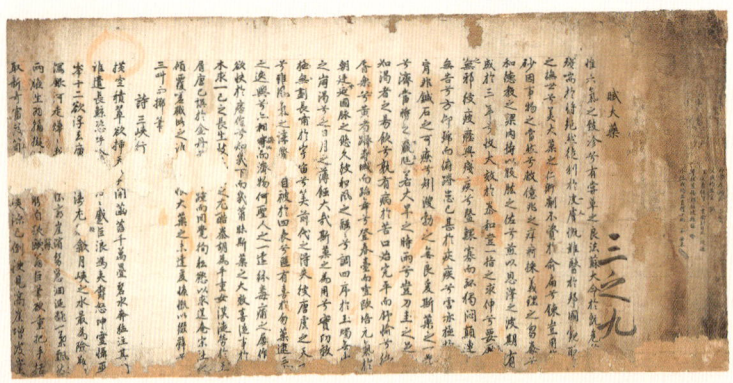

### 그림 5-3
이석간 시권

생원 민응기閔應祺, 분천汾川(봉화)의 판사 이연량李衍樑 등이 모여 맥을 짚고 약을 조제하였지만, 효과는 없었다. 많은 사람의 정성이 통하지 못하고 하늘이 불쌍히 여기지 않아서 8일 정침에서 돌아가셨다.[94]

서울과 경북을 비롯해 전국에 명성을 떨쳤던 이석간은 오랜 임상 경험과 치료법을 그의 이름을 제목으로 하는 『경험방』에 고스란히 남겨두었다.[95] 이 책에는 약보다는 평상시 먹을거리를 통해 건강을 관리해야 한다는 식치食治를 비롯해, 조선의 유의들이 강조했던 의학관이 잘 드러나 있다. 이석간의 다양한 경험방은 후일 『삼의일험방三醫一驗方』이나 『사의경험방四醫經驗方』 등 유명한 유의들의 처방과 합집되어 필사되거나, 혹은 휴대용 목판본[袖珍本]으로 인쇄되어 조선 후기까지 널리 활용되었다. 18세기 말 함경도에서 간행되었던 이경화李景華(1721~?)의 구급 의서 『광제비급廣濟秘笈』에도 중요한 경험방으로 다수 인용되었을 만큼 전국적으로 확산했다.[96]

이석간의 경우처럼 중앙 관료로 진출하는 대신 향촌에 남은 재지사족들 가운데 일부는 성리학의 위기지학을 몸소 실천하기 위해 의국을 무대로 의료 활동에 참여하거나 직접 재정을 운영하는 등 다양한 공공 활동에 나서게 되었다. 이는 과거에 합격하여 관료가 되는 길만이 학자의 입신양명이 아니라 공동선을 위한 지역 내 활동이야말로 진정한 위기지학의 길이라는 16세기 이후 사림파의 도학道學 실천이 낳은 가장 큰 효과였다. 재지 사족들은 지역의 공론장인 향소를 이끌거나 서원을 설립하고 향교를 증수增修하여 교육의 토대를 마련할 뿐 아니라 여러 가지 서적을 출판하여 학생들에게 공급하고 부족한 지역의 서고書庫를 채우는데 앞장섰다.[97] 또한 일부 재지 사족은 의서를 공부하여 유의로 활동하거나 지방 의국의 관리자가 되어 공공 의료의 지속가능성에 기여했다.

## 삼락당 박종무의 활동

그러한 인물 가운데 한 사람이 제민루의 운영과 관련하여 빼놓을 수 없는 삼락당 박종무朴從茂(1582~1664)다. 박종무는 17세기 전반 두 차례에 걸쳐 제민루의 재정 관리를 도맡았다. 앞서 언급한 대로 그의 조부는 대표적인 영주 출신 학자이자 관료였던 소고 박승임朴承任(1517~1586)이며 아버지는 박록이다. 박종무는 1609년 진사시에 합격하였으나 끝내 대과에 합격하지 못한 채 평생 처사로 지내면서 향촌의 공공 실천에 앞장섰다.[98] 젊은 시절 박종무는 후일 장인이 된 경주의 박의장朴毅長(1555~1615)을 찾아가 공부했다.[99] 이후 1607년(선조 40) 한강 정구鄭逑(1543~1620)의 문하에 출입하거나 상주 의국 존애원存愛院을 건립했던 멤버 중 한 사람인 창석 이준李埈(1560~1635)에게 나아가 수학하기도 했지만,[100] 주로 조부 박승임의 학문을 이어받았다.

박종무는 과거를 부귀이록富貴利祿의 도구로 비판하고 일생을 처사로 지역의 다양한 활동에 앞장섰다. 재지 사족답게 영주 읍지의 편찬을 주도하거나 서인과의 논쟁에 영남의 유소儒疏를 대표하는 역할을 자임했으며, 의국 제민루의 경영을 맡아 정상화 시키는데 공을 세웠다. 뿐만 아니라 이괄의 난에는 의병을 동원하고 군자곡을 마련하는 등 공동체의 보전을 위해 적극적으로 헌신했다.

사실 조선시대 많은 지역에서 읍지 편찬을 앞두고 재지 사족들 간의 알력이 불가피하였다. 해당 지역의 지방관이 읍지 편찬을 주도했지만, 지역 사족들의 참여하에 읍지에 수록될 대표 인물과 풍속, 그리고 사적 등을 편집하곤 했기 때문에, 결국 어떤 가문의 역사와 인물을 읍지의 표창 대상으로 선정할 것인지가 항상 논쟁거리였다. 읍지 편찬이야말로 재지 사족들에게는 현실적 권력의 우열을 가늠하는 시금석이었다. 다툼은 피할 길이 없었다.[101]

1625년 12월 영주 사족 이여빈은 영주 읍지(『영천지榮川志』)를 완성한 후 편찬을 둘러싼 저간의 사정을 참고 자료로 남겨 놓았다. 10년 전 백암 김륵金玏(1540~1616)과 죽유 오운吳澐(1540~1617) 두 사람이 읍지 편찬을 주도했는데, 당시 박종무와 이여빈 두 사람을 실무 책임자로 추천했다는 것이다.[102] 오운은 박종무를 읍지 편찬의 적임자로 추천하면서, 그 이유에 대해 박종무가 한백겸의 『동국지리지』의 고증 오류를 발견할 정도로 학문에 해박하기 때문이라고 강조했다. 박종무는 역사와 지리는 물론 예학에도 밝다는 향중 공론의 칭찬을 한 몸에 받고 있었다.[103] 읍지 편찬은 향촌 내 갈등을 유발하는 사업이라 향중의 공론을 공정하게 주도할 만한 능력과 유덕자가 아니면 감당하기 어려웠다. 박종무가 읍지 편찬의 적임자로 추천되었을뿐더러 무탈하게 마무리했다는 사실만으로도 그가 영주 사족들 사이에서 공론을 조정할 만한 유덕자로 인정받았음을 추측할 수 있다.

이처럼 박종무는 영주의 사론을 주도한다는 평가를 줄곧 받고 있었다. 1635년 율곡 이이의 문묘종사 문제로 서인과 남인 간의 대립이 불거졌을 때의 일이다.[104] 최명길이 퇴계 이황을 무함하였다고 하여, 최명길을 배척하자는 여론이 영남에서 들끓었다. 안동과 영주의 사족들이 영남의 사론上論을 수합하게 되었는데, 당시 박종무와 김휴金烋(1597~1638)가 이를 담당했다.[105] 사실 17세기 중엽까지 영주 지역의 학맥은 퇴계학파의 주도하에 놓여있지 않았다.[106] 그도 그럴 것이, 영주의 대표적인 사족 유연당悠然堂 김대현金大賢(1553~1602)과 그의 아들 김응조金應祖(1587~1667)는 기호계 학풍을 추종하고 있었기 때문이다. 이들은 율곡의 문묘 종사와 관련하여 영남의 남인들과는 전연 상반된 입장을 가지고 있었다.[107] 향중에서 김대현·김응조 부자는 당연히 박종무와 친분이 두터운 관계였다. 이들은 영주의 의산서원義山書院에 함께 모여 가례를 연구했을뿐더러 김응조의 『사례문답四禮問答』을 박종무의 교정을 거쳐 출판했던 동학 이상의 사이였다.[108] 하지만 서인과 남인의 갈등 속에서 서로의 견해차는 불가피했고, 향중 공론은 하나로 통일될 수 없었다. 그런데 박종무가 앞장서 일을 맡자, 영주의 사론이 하나로 일치되었다는 것이다. 안동의 김령金坽(1577~1641)은 영천[영주]에서 다른 의논[서인의 입장]이 사라진 계기가 모두 박종무의 덕분이라고 칭송하고 나섰다.[109] 17세기 초반 박종무는 영주의 이산서원 원장을 맡아 지역의 공론을 주도하고 있었다. 간혹 고집이 세다는 비판도 있었지만, 재지 사족들 사이에서 박종무의 공정한 성품은 이미 정평이 났고, 이로 인해 그가 앞장선 공공 실천은 사족들의 지지를 받고 있었던 것이다.[110]

1624년 이괄의 난이 발발했을 당시, 박종무의 부친 박록과 이여빈 등은 영주의 사족들과 함께 의병을 일으키고 박종무에게 군량 관리를 담당하도록 했다. 당시 박종무의 일처리를 가까이서 지켜보았던 우복 정경세鄭經世(1563~1633)와 창석 이준의 칭송이 자자했다는 것이다. 병자호란이 일어나자, 박종무는 다시 한번 의병에 합류했다.[111] 평생을 불의에 굴하지 않고 공공의 실천에 앞장섰던 삼락三樂의 처사 박종무는 16세기 이후 사족들의 위기지학을 '문자' 그대로 실현하고자 했던 인물이다. 그는 자신이 우둔하여 끝내 입신양명하지 못했다고 자책하면서도, 스스로 최락最樂, 지락至樂, 역락亦樂의 삶을 살았다고 자부했다.

그의 즐거움[樂]은 재지 사족 박종무의 정체성을 상징적으로 말해

주고 있다. 과연 사족으로서 박종무의 실천과 지향은 무엇인가? 박종무는 중국 한나라 동평왕東平王의 일화를 인용하여 무엇보다 선행善行의 중요성을 강조했다. 한마디로 공공을 위한 실천이었다. 군자의 삶은 경전의 독서에서 비롯하였지만, '사문斯文의 자부심'은 경전의 내용을 현실에서 실천하는 데서 가능했다. 비록 관료로 출세하지 못했지만, 지역의 안녕을 위한 다양한 공공의 사업을 도맡아 평생의 독서한 바를 궁행실천하는 것이야말로 박종무가 강조했던 삼락의 핵심이었다.[112]

**그림 6**
박종무의 『삼락당유고』, 경인문화사, 1988

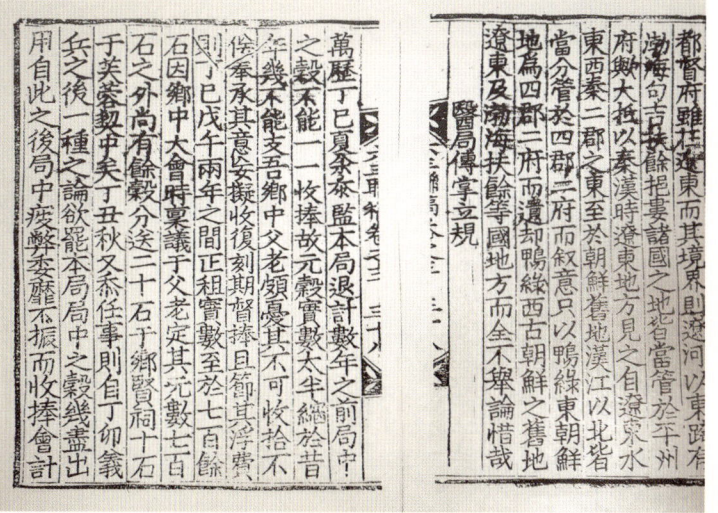

지역을 위한 공공의 실천 가운데 박종무가 가장 노력을 기울였던 바는 제민루 의국의 관리였다. 그는 1617년(광해군 9)과 1634년(인조 12) 두 차례에 걸쳐 제민루 의국의 유사를 담당했다.[113] 먼저 1617년 향중 공론의 추천으로 박종무는 의국의 재정 운영을 맡게 되었다. 그가 밝힌 바대로 당시 제민루의 자본 상태는 매우 심각했다. 의국 운영의 핵심인 세곡의 징수가 어려웠고, 그마저도 태반이 사라져 이전과 비교해 절반 수준에 불과했다. 향중의 나이 많고 덕망이 높은 원로들은 의국의 수습을 위해 박종무를 적임으로 천거했다. 의국의 안정적인 운영을 위해 박종무는 둔전의 세곡을 독촉하고, 불필요한 지출을 절약하여 1617~1618년 의국의 자본금[正租]을 이전의 7백 석으로 회복할 수 있었다. 연말에 박종무는 유향소의 부로父老들에게 의국의 회계 상황을 보고하면서 원금 7백 석을 기준으로 취리取利한 곡식 일부를 향현사鄕賢祠의 장학 사업에 20석, 사마회 모임인 부용계에 10석을 지원했음을 밝혔다. 박종무의 의국 경영은 상당히 성공적이어서 자본 원금을 회복했을뿐더러 수익 창출을 통해 다양한 장학 사업 등을 지원할 수 있었던 것이다. 의국의 운영을 정상화하고 존본취리를 통해 부용계와 향현사의 운영비 일부를 지원하자, 제민루 유사 박종무에 대한 영주 사족들의 신뢰는 점점 더 커질 수밖에 없었다.

1617~1618년 두 해, 의국 운영을 정상화시킨 후 박종무는 의국의 유사를 그만두고, 읍지 편찬이나 이산서원의 원장으로 향중 공론을 이끄는데 관여했던 것으로 보인다. 그런데 1634년 다시금 박종무에게 제민루 의국의 운영을 맡겨야 한다는 향촌 공론이 일었던 것이다. 한 번 더 과분한 임무를 맡았다고 술회한 박종무는 호란胡亂 이후 의국 재정이 더욱 궁핍해진 사실과 전쟁 통에 제민루 의국의 운영을 책임질만한 사족이 없었던 정황을 토로했다. 회계를 포함한 의국의 규칙이 느슨해져 그대로 방치할 경우, 제민루의 운영은 영영 중단될 수밖에 없었던 상황이었다.[114]

재지 사족들의 공공 실천을 위한 의지야말로 의국의 지속가능성을 위한 필요 불급의 조건이었다. 의국의 토지와 노비 관리는 물론 약재의 무역과 약물 제조를 담당하고 나아가 환자를 치료할 유의들의 참여 또한 중요했다. 이러한 일들은 모두 사문斯文의 역할이었고 이를 자임하려는 사족 이하 양인들의 실천 의지가 요구되었다.

박종무는 1617~1618년 의국을 운영했던 경험으로 다시 제민루의 복구에 나서게 되었다. 1634년을 전후로 한 연속된 흉년으로 이미 제민루의 모곡母穀 7백 석은 대부분 사라진 상태였다. 1634년부터 4년여 제민루 재정을 관리했던 박종무는 1637년 드디어 후임자에게 제민루 운영을 넘겨줄 수 있게 되었다. 그는 수년 동안의 의국 운영 경험을 토대로 새로운 의국 규칙을 마련했다. 무엇보다 의국의 자본 원금을 유지하면서 이익을 창출하는 일이 중요했다. 만일 원금 액수를 정해두지 않는다면, 기금의 낭비가 심해질 것이 분명했다. 박종무는 새로운 의국 규칙에서 의국의 재정과 관련한 인수인계 그리고 둔전 수입 내역을 자세히 밝히고, 가능한 의국 운영을 투명하게 할 것을 강조했다. 이와 함께 의국의 세곡을 미납한 채 도주한 사람들이나 약채藥債를 갚지 않고 사망한 자들의 명단을 제민루 회계장부에서 삭제하는 개선책을 단행하기도 했다.[115] 박종무의 재정 운영은 한편으로는 엄격하고 다른 한편으로는 세태의 흐름에 맞추어 유연하게 진행되었다.

박종무는 영주의 소수서원의 재정 운영 방식을 참고하여, 지속 가능한 의국 재정 운영을 도모했다. 두 번의 의국 경영 끝에 얻어낸 경험이자 결실이었다. 박종무는 매년 연말 400석 원곡을 기준으로 회계 보고를 하도록 규정하고, 반드시 원금을 유지한 채 존본취리한 여윳돈을 활용해 중국산 약재 등 고가나 희귀한 약물을 무역하고, 판매를 위한 약물 제조에 사용하도록 했다.

『죽계지』에 기록되어 있는 백운동서원의 규약을 모방하여 우선 세곡 납입분으로 원금을 보존한 후, 이식을 사용하고 매년 연말에 원곡을 기준으로 이미 거두어들인 곡식의 다소에 따라 혹 당약재와 향약재를 무역하거나 혹 전제典劑의 제약製藥에 사용하고 월마다 수량을 헤아려야 한다. 기준액수元額를 사용하지 않겠다고 굳게 결심해야만 실제 장부가 항상 유지될 것이다. 창곡을 사용하지 않는다면, 4백 석의 원수는 조금도 줄어들거나 모자라지 않을 것이요, 의국에서 사용하는 비용도 바닥날 걱정이 없을 것이다.[116]

박종무는 생명을 살리는 '활인活人 애물愛物'의 실천에 사족들이 적극적으로 참여할 것을 독려했다. 애초에 지방관이 주도하고 향중의 부로들이 참여하여 제민루 의국을 함께 건립하고 운영했던 이유는 간단했다. 지역의 의국을 잘 운영하여 약재를 무역하고 다양한 약물을 제조해 두었다가 지역의 환자들을 위한 치료에 활용토록 할 기획이었다. 의국 경영이야말로 중앙 관직에 나가 공무를 담당하는 것만큼이나 중대사에 틀림이 없었다.[117] 의국의 재정을 제대로 관리하고 운영 규칙을 잘 지켜나간다면, 영주의 제민루는 영원히 지역민을 위한 활인의 방도가 될 수 있었고 경북은 인수仁壽의 고장이 될 터였다. 제민루는 비록 국가에 의해 설치된 지방 의료기관이었지만, 위기지학을 향한 사족들의 공공의 의지가 결합되지 않으면

존치되거나 운영 자체가 어려웠다.

제민루의 지속은 이석간처럼 의술에 밝아 지역의 유의로 활동하면서 약물 제조 및 약재 무역에 도움을 주거나, 박종무와 같이 의국의 토지 및 회계를 투명하게 관리할뿐더러 약물 판매의 이익으로 안정적인 재정을 구축할 수 있는 현능賢能한 사족들의 활동이 뒷받침되어야 가능했다. 16세기 이래 조선의 사족들은 소학小學 공부를 개인 차원의 수양에 머물지 않고 공동체를 위한 공공의 실천으로 확장해 나갔다. 지역의 학교와 병원, 그리고 회의처인 향소 등의 운영과 관리에 재지 사족들이 적극적으로 나서고 이를 공공 실천의 중요한 방안으로 간주할 때, 제민루 의국의 지속 가능성 역시 높아졌던 것이다.

요컨대, 16세기 내내 중앙 정부의 주도와 여기에 호응하는 사족들이 늘면서 이른바 과거를 위한 시험 공부[사장학]이 아닌 도학道學이 점차 향촌으로 확산되었고, 도학의 위기지학을 실천하려 했던 재지 사족들의 '자발적인 헌신'은 교육 공간인 서원을 비롯하여 의료 혜택의 기반이었던 지방 의국을 존립하게 한 동력이 되었다. 이처럼 성리학의 확산과 함께 일어난 16~17세기의 변화를 이른바 '향당鄕黨의 구축'으로 불러도 무방할 것이다. 향당, 개인과 가족을 넘어선 공동체 즉 지역 사회의 존립은 저절로 이루어지는 것이 아니었다. 인간 본연의 욕망과 이기심을 넘어 공동선(공익)의 토대를 만들려는 실천이 뒤따르지 않으면 불가능한 일이었다. 조선의 재지사족들은 중앙의 관료[양반]가 되지 않아도 향촌 사회를 재건하는 데 참여함으로써 '사족의 정체성'을 새롭게 정의하고 있었다. 양반보다 넓은 개념으로서의 사족은 관료를 포함하여 공동선의 토대를 구축하고자 실천하는 '성리학 독서인[斯文]'을 정의하는 용어였다. 점차 독서층이 늘면서 사족이 되고픈 의지는 전에 비할 수 없이 점증했다. 사족 이하 양인층의 '독서열' 또한 무시할 수 없었다. 조선의 양반(사족)을 지나치게 관료 중심으로 정의하거나 혹은 세습되는 신분으로 규정하기 어려운 이유가 여기 있다.

4

향당의 공공화

## 위기지학과 '사회'의 구축

이즈음 해서 16세기 이래의 '향당의 공공화'를 둘러싼 조선시대 성리학의 정치 기획을 잠시 설명할 필요가 있어 보인다. 알려진 대로 16세기는 '소학의 시대'였다.[118] 향촌의 공적 토대를 만드는 사업들이 시대적 과제로 떠올랐다. 이 장에서는 기묘사림의 일원이었던 김안국金安國(1478~1543)의 활동을 통해 관료로서 그리고 재지 사족의 일원으로서 어떻게 그가 '향촌의 공공성'을 구축하려 했는지, 다시 말해 사익을 넘어 공익의 토대를 만들려 시도했는지 살펴보려 한다.[119]

중종은 반정 후 이른바 도학(성리학) 정치를 천명했다.[120] 중종 초년에 이미 『소학』을 과거 시험의 주요 과목으로 삼아 사장에 힘쓰는 학풍을 교정하려 시도한 바 있었는데,[121] 당시의 사습士習은 말예末藝를 일삼을 뿐 아니라 사서오경四書五經조차 암송하기 쉬운 구절만 공부하고 있었기 때문이다. 중종은 유생들로 하여금 『소학』을 읽고 이를 월강月講 혹은 전강殿講하도록 강제했다.[122] 생원·진사를 선발하는 시험에 주자가례와 소학을 강하도록 했음에도 그 효과가 미미하자,[123] 중종은 예조에 명해 서울은 물론 지방의 향교에 이르기까지 『소학』을 강학하는 권장 절목을 만들도록 했다.[124] 이른바 진정한 공부[도학]는 과거를 위한 문장학이 아니라 개인의 수양을 넘어 공동체의 안녕에 기여하는 위기지학임을 강조했던 것이다.

당시 중종의 전교를 대작한 이가 모재 김안국이었다. 이 글에서 김안국은 역사상 임금된 자들은 한결같이 교화(교육)를 숭상하여 사람을 인솔했다고 전제한 후, 우리 왕[중종]께서 인간의 본성을 북돋워 홍화하는 도리에 마음을 쏟고 있다고 강조했다. 성리학이 세상에 널리 행해지기를 바랐으나 학교가 퇴폐하고 풍속이 날로 쇠퇴하여 향촌에는 효제孝弟의 풍속이 사라져 버렸고 결국 왕께서 이를 흥기할 방안을 모색했다는 것이다. 다행히 주희가 편집한 『소학』이 전해지고 있었다. 이 책은 수신의 대법大法을 모두 갖추었으니 인류의 일용에 가장 절실하며 교학의 본령이라 할 할만했다. 동시에 『주자가례』 역시 제가齊家와 범속範俗의 도리에 절실한 내용들이었다. 조선 정부가 두 책을 과거시험의 주요 과목으로 삼았던 것은 하등 이상할 바가 없었다. 그런데도 서울의 사학四學과 향교에서는 문장을 잘 쓰기 위한 기송사장記誦詞章에 골몰하고 『소학』의 도리와 실천은 전연 이루어지지 않았다. 중종이 가장 우려했던바 출세지향의 사장학에 전념하는 일이 벌어졌던 것이다.[125]

경상도 부임 전부터 김안국은 『소학』의 실천을 강조했던 중종의 뜻에 따라 지방관의 역할은 무엇보다 지방의 '교화'에 있다고 주장했다. 중종 역시 김안국을 경상도에 내려보낸 특별한 이유가 있었다고 밝혔다. "경상도는 다른 도보다 크기에 반드시 마땅한 사람을 가려 보내야 하니, 비록 벼슬의 서열로는 차례가 되지 않았지만 김안국을 특별히 관찰사로 임명한다."라는 것이었다.[126] 그만큼 중종과 김안국은 도학[위기지학]의 확산에 뜻을 같이하고 있었다.

『소학』 및 주자가례의 강독과 실천은 단지 사림들만의 운동이 아니었다. 중종은 각 향교에 주희의 「백록동규白鹿洞規」를 붙이고 관찰사들이 순행하면서 향교에 머물면서 소학을 강독하도록 지시했다.[127] 김안국 역시 1517년 경상도에 부임하자 각 지역을 순행하면서 『소학』의 독서와 그 내용에 맞는 실천을 강조했다. 그는 성리학의 연원이 사라지고 이록利祿을 탐하는 수·당의 역사가 반복될까 두렵다고 비판하면서, 기자의 가르침을 받았던 조선이 다시금 교화를 통해 문명국이 되기를 희망했다.[128]

김안국이 안동을 순행했을 때의 일이다. 향교의 학생들을 위한 권학시勸學詩에서 김안국은 원래 안동이 영웅호걸의 고장으로 학문이 뛰어난데 여전히 사장학에 치중할 뿐 성리학에 침잠하는 이들이 적은 것은 문제라고 비판했다. 이미 서울과 근기의 학풍[北學]은 위기지학의 도학을 따른다고 강조한 후 어린 학생들이 과거 공부에 골몰하는 구습을 버리고 『소학』을 익혀 실천할 것을 종용했다.[129]

그는 경상도 안동이 고래로 웅부雄府로 알려져있지만, 이는 사장학의 호걸일 뿐 성리학은 서울을 비롯한 근기의 학자들에 미치지 못한다고 판단했다. 김안국은 서울 및 근기의 학풍이 소학의 실천으로 변화했다면 이에 발맞추어 팔도 특히 경상도와 같은 해우海隅에 이르기까지 『소학』의 가르침과 실천이 퍼져나가도록 하는 것이 자신의 역할임을 강조했다. 1517년 경상도 관찰사 김안국이 관찰한 영남의 학술은 여전히 사장학에 머물러 있었다.[130]

김안국은 경상도의 지역 향교 수십 군데를 직접 순행하면서 『소학』을 권장하는 시를 나누어주고 학자금을 지원했다.[131] 김안국의 교학시를 보면 가장 눈에 띄는 것이 『소학』의 중요성을 거론한 대목들이다. 합천과 고령을 비롯하여 지례, 거창, 단성, 하동, 남해, 창녕, 고성, 함안 그리고 거제 향교를 방문했던 김안국은 교생들에게 『소학』이야말로 도학의 뜻을 품은 군자의 공부라는 사실을 당부했다. 그가 남긴 권학시의 중 몇 가지를 간추려 보면, 거창에서는 소학을 공부해 '부화스러움을 멀리하라'라고 주문했으며,[132] 남해에서는 바닷가 궁벽한 지역의 교육이 바르지 못할까 걱정이지만, 오직 '소학에 전념하면 해결될 바'라고 희망했다.[133] '일신의 수행 공부에 소학 이외의 다른 길이 없다'라는 주장이었대함안.[134] 경전은 너무 심오하고 사서四書는 번잡하여 공부하기 쉽지 않으니, 오직 『소학』

을 모범 삼아 공부하면' 된다는 것이대[동래].[135]

김안국은 자신의 권학문이 모두 조선의 왕 중종의 뜻임을 강조했다.[136] 중종의 교육 정책으로 궁벽한 바닷가에서도 공부 소리가 끊이질 않는다는 칭송이 이어졌대[거제].[137] 양산 향교의 벽에 중종의 소학 권장 윤음을 붙인 후 김안국은 교육이야말로 통치治化의 완성이라고 강조했다. 경상도 관찰사의 임무는 중종의 교학 의지를 관내에 베푸는 것에 다름 아니었다. 김안국은 울산과 장기 그리고 영일과 풍기의 향교를 순행하고 향교의 기둥과 벽에 중종의 뜻을 알리는 글을 연이어 붙였다. 학생들 모두 『소학』의 수신에 힘쓴다면, 경상도 칠십 주의 풍속을 걱정할 이유가 전연 없었다.[138]

『소학』 위주의 도학 공부는 '진유眞儒가 되는 지름길'이었대[성주].[139] 안동의 학생들에게 구습을 벗어나라고 거듭 강조했듯이 김안국은 경상도 관내 수십 군데의 향교를 방문하여 '기송사장'의 폐단을 버리고 진정한 학자로 거듭날 것을 요구했대[창원].[140] 기송사장의 공부는 허황되거나[곤양],[141] 무익한 공부로[사천],[142] 저속하여 스스로 교만해지는 데 불과했다.[143]

물론 김안국이 보기에, 경상도의 몇몇 지역은 지방관의 교화로 인해 이미 성리학으로 인도된 곳도 있었다. 안음이 그러했다. 일찍이 일두 정여창鄭汝昌(1450~1504)이 안음의 지방관으로 부임하여 풍속을 교화함으로써 덕행이 돈독해진 바였다. 김안국은 안음을 방문하여 『소학』을 더욱 열심히 공부해야 기왕의 돈독한 풍속이 유지된다고 강조했다.[144] 김종직金宗直(1431~1492)이 지방관으로 근무했던 함양 역시 마찬가지였다. 함양은 정여창의 고향이기도 했다. 김종직과 정여창 두 선학先學을 성리학에 밝은 유림의 종사라고 칭송한 김안국은 이들의 교화 덕분에 함양의 풍속이 선량하다고 칭송했다. 『소학』의 실천에 힘쓰는 일이야말로 두 현인의 유범遺範을 잊지 않는 길이라고도 강조했다.[145] 선산에서 김종직의 유풍을 강조했던 김안국은 현풍에 도착하자 김굉필金宏弼(1454~1504)의 학문을 칭찬했다. 주자의 도학만이 참된 학문, 즉 정학正學이었다.[146]

그렇다면 도대체 김안국이 강조했던 『소학』 공부의 목표는 무엇일까? 이는 개인의 입신양명을 넘어서 향촌 사회의 지속 가능한 존립을 위한 덕행德行, 즉 실천을 의미했다. 한 마디로 군신과 부자 그리고 부부의 덕목을 강조한 삼강三綱을 넘어 향촌 공동체의 구축을 위한 '이륜二倫'의 실천과 확산이 절실했다. 인륜의 수평적 확장은 수신·제가의 친친親親을 넘어 향당, 향촌 공동체의 존존存存의 윤리를 확립하는 방도였다. 경상도에 부임하자 김안국은 곧바로 1517년 『이륜행실도』을 편찬하여, 『삼강행실도』에 수록되지 않았던 '장유유서와 붕우유신'의 덕행을 강조했다. 유교 사회에서 이륜을 포함한 오륜의 덕목이 중시되지 않았던 적이 없지만, 16세기 『소학』의 확산과 이륜의 보급은 재지 사족들의 존립과 향촌 내 역할과 관련하여 특별한 역사적 의미를 가지고 있었다.[147]

안정적인 (향촌)사회를 구축하는 길, 다시 말해 '향촌의 공공화'가 주요 목표였다. 피를 나누지 않은 이웃들과의 '의리의 결속[의합義合]의 공동체'을 강조했던 이륜의 확산이야말로 향촌의 지속가능성을 담보하는 중요한 실천이었다. 사익이 아니라 공동선을 향한 공부야말로 진정한 지식인[眞儒]의 길임을 강조했던 중종 대『소학』보급 및 실천 운동은 경향京鄕 각지의 사족들로 하여금 개인의 출세 지향을 넘어 지역 내 다양한 공공 활동에 참여하도록 이끌었다.[148]

향촌 교화 즉 '정속正俗' 운동은 중종을 비롯해 김안국과 같은 지방관 그리고 사족을 포함한 지방민 모두의 관심사였다. 향촌 사회의 지속가능성은 단지 재지 사족들의 이익에만 부합하는 것이 아니었다.[149] 김안국이 편찬한 『정속언해』와 『여씨향약언해』 모두 향촌의 풍속을 바로잡기 위한 서책들이었는데,[150] 언해를 통해 보급했다는데 그 의미가 특별했다.[151]

김안국이 지방의 교화를 위해 편찬했던 『정속언해』를 펼쳐보면, 「효부모孝父母」, 「우형제友兄弟」, 「화실가和室家」, 「훈자손訓子孫」, 「목종족睦宗族」 등 수신제가로부터 시작하여, 이웃과 향당의 의합을 강조한 「휼인리恤隣里」, 「신교우愼交友」 그리고 환난상휼의 중요성을 언급한 「진기황賑飢荒」, 「적음덕積陰德」 등 18항목에 걸쳐 인간다움의 근거[인륜]를 어떻게 실천할지를 구체적으로 설명해 놓았다. 인간이 사욕에서 벗어나 공동선을 추구할 수 있는 본성(자연)을 부여받았다면, 이를 실천해야 비로소 인간답다는 명예를 부여받을 수 있었다.

가령 「휼인리」의 내용을 살펴보면, 나무가 홀로 있을 때는 바람에 쓰러질 수 있지만 나무가 모여 수풀이 되면 바람에 견딜 수 있다고 가르쳤다. 결국 이웃은 어려울 때 서로 돕고 기댈 수 있는 존재임을 강조한 것이다.[152] 곡식은 하늘이 백성의 굶주림을 구하는 방도였다. 같은 마을 사람들이 어려울 때 서로 구제하는 것이 마땅했다. 한마을에 사는 사람들은 친척이 아니면 친구이거나, 소작인이 아니면 이웃들이므로 배려하는 마음으로 서로 베풀고 구제한다면 은덕을 받을 수 있다는 가르침이었다.[153]

적덕積德의 방법 또한 다양했다. 어려움에 처한 타인을 구원함은 물론 이들을 도운 후에는 갚기를 바라지 않아야 한다는 것이다. 선행하려는 타인을 북돋우어 성취하도록 할뿐더러, 굶거나 추위에 고통받는 이웃을 보면 자신의 것을 나누어 줄 뿐이라고 가르쳤다. 이 밖에도 기근으로 먹을 것이 없으면 죽을 쑤어 대접하고, 물에 다리를 놓아 사람들이 건너다니도록 하며, 빚을 갚지 못하면 빌려주고 병을 앓고 있는 사람에게는 약을 지어 주도록 하는 일 등이 모두 진정한 지식인[眞儒]이 되는 실천이었다.[154] 향촌 '사회'를 구축하려면 상당한 정도의 인위(노력)가 필요했으며, 지속하려면 더욱 공동선을 향한 의지와 실천이 요구되었다. 이를 두고, 재지 사족들이 자신들의 지배 체제를 공고히 하기 위한 노림수였다고 평가절하할 수는 없다. 그렇게 설명해서도 안 되고 그럴 필요조차 없다. 사실史實이 아니기 때문이다.

## 교화의 중요성

김안국의 위기지학은 사익과 개인의 영달을 위한 공부에서 벗어나 살만한 사회, 즉 지속 가능한 사회[공동체]를 구축하려던 '성리학 기획의 일환'이었다. 1519년(중종 14), 김안국은 기묘사화를 피해 이천으로 은거했다. 42세였던 김안국은 이후 환갑에 이르는 동안 이천과 여주를 오가며 지방의 학생들을 가르치는 등 향촌 교육에 매진했다. 학생들은 여주, 이천에 한정되지 않았다. 더욱이 사족의 자제들로 국한되지도 않았다. 김안국에게는 멀리 함경도에서 찾아온 제자들이 있었을 뿐 아니라 향촌의 미천한 자들도 스스럼없이 교류했다.[155] 지방의 '교화'가 우선되어야 한다는 김안국의 생각은 이천과 여주에 은거하면서도 변하지 않았다.

1521년 이천에 부임했던 양숙梁淑(1471~1528)이 이천 향교를 중건하자, 김안국은 축하의 기문을 잊지 않았다. 양숙은 15세기의 대표적인 학자이자 관료였던 양성지梁誠之(1415~1482)의 손자였다. 김안국은 양성지의 묘갈명을 쓴 적이 있었는데, 무실務實과 교화에 모두 능했던 그의 현능을 대서특필한 바 있었다. 손자 양숙 또한 그러했다. 김안국은 백리의 군현[이천]에 머물 그릇이 아니라 대도회[大都名地]에 부임하여 자신의 포부를 발휘할 만하다고 칭찬하고, 진

정한 '이민利民'은 양민養民과 교민教民 두 가지를 모두 충족시킬 때 비로소 가능하다고 강조했다.[156]

양민과 교민은 동전의 앞뒤처럼 둘이면서 하나였다.[157] 양민에 치중하여 가르치지 않으면 백성은 우둔하여 배부르고 따뜻함을 찾는 욕망에 치우쳐 천리와 인륜의 중함을 모르게 되었다. 이해득실만 따지고 예의를 모른다면, 비록 먹을 양식이 충분해도 제대로 된 정치라 할 수 없었다. 반면에 교육[教民]만을 중시하고 양민에 소홀하면 부모를 섬기고 자녀를 기르는데 재물이 없게 되어 먹고 사는 데 급급하다가 결국 예의를 모르는 금수의 무리로 전락할 터였다. 김안국은 삼대三代 즉 성왕의 치세에는 교민과 양민을 모두 중시했는데, 후일 세도가 쇠퇴하자 교민은커녕 양민의 정치조차 제대로 이루어지지 않았다고 비판했다.[158]

사실, 한·당 이래 교육 제도와 방법은 이미 갖추어져 있었다. 나라에 국학國學이 있고 지방에 향교가 있어 교육 과정은 물론 시험과 인재 선발의 조목들이 시대를 거듭하며 체계적으로 마련되었다. 그럼에도 어느 시대에는 인륜이 밝혀지고 인재들이 성한 반면, 어떤 시기에는 전연 그렇지 못한 때가 있었다. 김안국은 모든 것이 '정치'를 잘하는가 그렇지 않은가의 차이에서 연유한다고 보았다. 임금과 임금의 정치를 돕는 관료의 역할이 무엇보다 중요했다. 교화의 주체인 왕의 솔선수범과 왕과 함께 선정善政을 구현하는 지방관들의 노력이 절실했다. 특히 지방의 정치를 담당했던 지방관들이 마음을 다해 노력하지 않는다면 교육[학교]이 저절로 이루어질리 만무했다.[159]

사실 학교 제도와 교화 의지보다 더 중요한 것이 있었다. 바로 '무엇을 공부할 것인가'라는 학문의 내용이었다. 일신의 명예와 이익을 추구하는 과거 공부는 김안국이 말하는 올바른 공부[正學]가 아니었다. 임금이 교화에 정성을 다하고 지방관도 열심이지만 그 내용이 위기지학이 아니라면, 학생[士]들은 제대로 된 공부가 무엇인지도 모른 채 명성과 이익만을 좇을 터였다. 요컨대 교육은 첫째 임금이 교화에 관심을 기울이고, 둘째 지방관이 이를 받들어 학교를 진흥하며, 마지막으로 도학[위기지학]을 가르쳐 택민澤民의 공공심을 가진 군자를 길러내야 비로소 완성되었다.

이상 세 가지의 어려움[三難]을 극복해야 비로소 향촌 사회는 '살 만한 공동체'로 거듭날 것이었다. 김안국은 당시 중종께서 향촌 교화에 진심을 다하고 있으니, 첫 번째 어려움은 순조롭게 해결되었다고 보았다. 다음 지방관의 교육에 대한 의지와 실천이 문제다. 가령 이천은 근기의 고장으로 세금 출납과 공무가 번거로워 관리들은 양민에만 성공해도 다행으로 여길 정도였다. 빼어난 재주를 가진 지방관이 아니라면 교민의 효과를 올리기는 난망難望했다. 그런데 다행히 양숙과 같은 훌륭한 지방관이 부임하지 않았는가.[160] 이천의 향교가 증수되어 향촌 공동체의 존속에 필요한 도학의 공부처가 마련된 것이다.

이천 향교는 그 연원이 오래되어 고려 말인 1389년(공양왕 1)에 설치되었다.[161] 그러나 개국 초에 설립된 이천 향교는 100여 년간 거의 버려지다시피 했다. 1488년(성종 19)에 복승정卜承禎이 사또로 부임하여 쇠락한 향교를 보수했지만 완벽하지 않았다. 1521년에 비로소 양숙이 명실상부한 향교를 중건했으니, 삼난三難 가운데 이미 두 가지가 해결된 셈이었다. 이제 남은 숙제는 개인의 영달이 아닌 '향촌 사회의 안녕'을 위해 도학을 공부하려는 학생들의 의지였다. 김안국은 사장과 암송에 몰두하여 출세를 꾀하고 단지 처자식을 먹여 살리는데 머문다면, 향교를 증수하여 교육을 진작하려는 조정의 뜻에 어긋난다고 비판했다. 위기지학을 실천하여 향촌에서 교화의 모범이 되고 조정에서 제세濟世의 경륜을 펼쳐야 제대로 된 학자라 할 수 있었다. 공공의 책임을 다하려는 도학자의 양성이야말로 김안국이 말하는 정학의 근본 목적이었다.[162]

한때, 연산군의 폐정으로 조선의 학교와 교육은 크게 위축된 적이 있었다. 하지만 중종의 반정反正으로 인해 각종 정치적 폐단이

## 그림 7
김안국, 「모재집」, 한국고전번역원 한국고전종합DB

### 그림 7-1
「이천향교중수기」

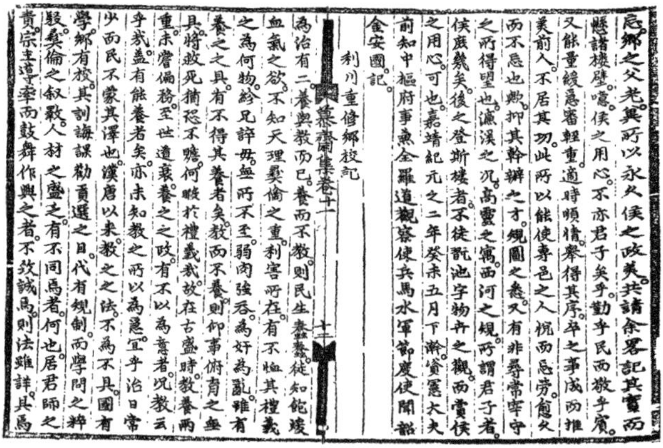

### 그림 7-2
「공주향교중수기」

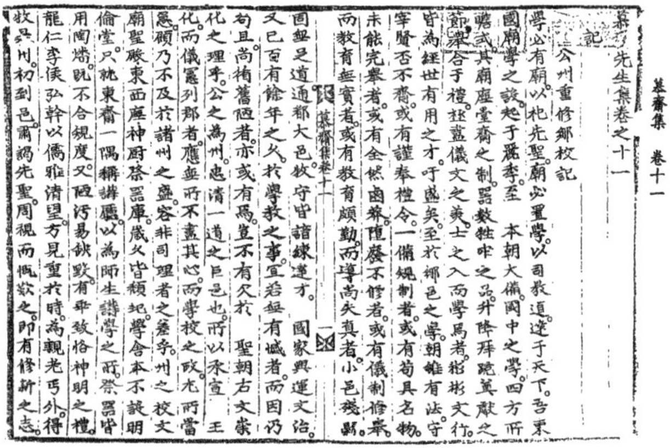

일소되고 교화의 기운이 전국의 향촌으로 번지고 있었다. 김안국은 도내 양성현[안성]에도 주목했다. 양성향교가 없어진 것은 아니었지만 쇠락한 채 교육의 장으로 기능하지 못하고 있었다. 1514년(중종 9) 한좌래韓佐來가 양성현[안성]에 부임하면서 향교의 중건을 도모했다. 연이은 흉년으로 곧바로 실행하지는 못했지만, 한좌래의 노력으로 1526년(중종 21) 드디어 중건 사업이 마무리되었다. 향교의 규모가 이전보다 커졌을 뿐 아니라 강당과 동서 양무兩廡를 완비해 다른 지역의 향교와 견주어 손색이 없었다.

1528년(중종 23) 김안국은 양성향교의 「기문」을 지어 지방관 한좌래의 공덕을 칭송했다. 대부분의 수령은 연회나 즐기며 부명浮名을 좇거나 처벌을 면하는 데 급급했는데, 한좌래는 바쁜 공무를 쪼개어 향교를 중건했으니 이제부터 교생들은 사장과 훈고의 말예末藝를 버리고 도학의 실천에 앞장서야 한다는 것이었다.[163]

살만한 공동체를 꾸리기 위해 '공공을 위한 실천'에 나서려는 의지를 불러일으키는 교육이 필수적이었다. 위기지학의 실천이 아무리 중요해도 제도[학교]가 없다면 학문을 이어갈 수 없었다. 김안국은 향교를 증수한 지방관에 대해 칭찬을 아끼지 않았다. 공주목사 이홍간李弘幹(1486~1546)의 부탁으로 「공주향교중수기」를 작성했던 김안국은 성리학(도학)이야말로 진유眞儒의 학문임을 거듭 강조했다. 조선의 향교는 도학을 공부하는 실천의 장이어야 하지만, 소읍은 말할 것도 없고 대읍의 지방관들조차 도학이 무엇인지 몰라 향교의 교육 내용은 엉망이었다. 충청의 대읍인 공주 향교 역시 그러했다.[164] 다행히 공주목사로 부임한 이홍간이 향교를 중수하고 제대로 된 학문의 장으로 변모시킨 것이다. 일찍이 이홍간은 형벌 대신 교화의 중요성을 강조했던 기묘사림의 한 사람이었다. 그가 공주에 부임하자 곧바로 향교를 중건하고 사림士林들의 염원인 도학의 공부처를 마련했으니 위기지학을 실천하려는 입장에서는 자연스러운 일이었다.[165]

김안국은 이홍간의 사역을 칭송하는 동시에 「기문」을 통해 학문의 목적을 다시 한번 강조했다. 정학이란 경전과 성현의 뜻을 탐구하고 궁극적으로 천지고금의 변화와 도덕성명의 이치를 밝히는 공부에서 벗어나지 않는다고 운을 뗀 후, 김안국은 선한 본성을 회복하여 거향居鄕 시에는 향당을 위해 공공심을 발휘하고, 나아가 치국治國의 지위에 오르면 민생을 구제하도록 권고했다.[166]

송학宋學(도학)이 일어난 지 수백 년이 지났지만 조선에는 도학이 흥기하지 못하고 있었다. 여전히 학생들은 과거에 합격할 요량으로 경전을 암송하고 문장을 연습할 뿐이었다. 학문은 위기지학의 실천과는 거리가 먼 영달의 도구로 전락했다. 김안국은 당대 속학의 폐단을 비판하고 의리지학義理之學의 실천을 강조했다. 학교는 인륜을 밝히고 인재를 길러 풍속을 바르게 하는 왕도 정치의 토대였다. 이른바 형벌과 제도로 강제하지 않으면서 인간의 본성[天理]을 계발하여 공공의 안녕에 헌신할 수 있는 군자를 양성하는 일, 이것이 '통치'의 진정한 목표였다. 학교의 흥폐는 곧 국가의 흥망성쇠와 일치했다. 김안국은 삼대의 아름다운 정치가 가능했던 이유를 중앙[國學]에서부터 지방의 향교와 서당[家塾]에 이르기까지 교육에 힘쓴 결과였다고 강조했다.[167]

1543년 김안국의 마지막 춘첩春帖은 인생살이의 깨달음과 더불어 더욱 도학에 정진하겠다는 다짐이 잘 드러나 있다.[168] 말년에 잠시 관료로 복직했지만 이내 사직하고 귀향했던 김안국은 종신토록 수신하며 천기天機의 운명을 따르겠노라고 고백했다. 김안국이 그토록 소원했던 도학은 점차 시대의 '실학'이 되고 있었다. 16세기를 거치며 성리학[도학]은 누구도 부인할 수 없는 새로운 시대정신으로 자리 잡고 있었다. 과거를 통한 입신양명의 중요성이 사라진 것은 아니었지만 도학을 공부하고 실천하려는 독서층[斯文]이 점차 늘어났던 것이다.

요컨대, 16세기의 도학을 이끌었던 선구자 중 한 사람인 김안국에게 진정한 학문은 출세 지향이 아닌 '살만한 공동체'를 구현하는

데 기여하는 공공 실천을 의미했다. 한편으로는 중앙의 조정에 나아가 구세救世의 책무를 다하는 관료로 활동해야 하지만, 다른 한편으로는 자신이 거처하는 향촌에서 해당 공동체의 안녕에 기여하는 제민濟民의 역할을 다하는 것이야말로 진정한 학자[眞儒]이자 사족[士]의 임무였다. 점점 더 많은 사문이 지역의 향교를 보수하고 유지시키는 활동에 관심을 기울이고, 각지의 서원을 설립하는데 앞장섰으며, 나아가 의술의 연마를 폄하하는 당대의 분위기에도 불구하고 의국에서 활동하는 것을 주저하지 않았다. 진정한 지식인이라면 개인의 출세를 넘어 지역(향촌) 사회의 재건을 위해 노력하지 않을 수 없었다.

  주지하듯이 16세기 말 임진왜란의 충격으로 조선은 큰 위기에 봉착했다. 수많은 백성이 목숨을 잃었을 뿐 아니라 살아갈 기반이 무너져 향촌 사회의 존립이 불가능할 정도였다. '사회의 재구축'을 위해 누군가 나서지 않으면 안 되었다. 재지 사족들의 공공 실천을 자신들의 지배체제를 공고히 하기 위한 불가피한 선택이었을 뿐이라고 말할 수 없는 이유는 명확하다. '사회'의 재구축을 위해 공동체 구성원들의 호혜와 협력이 필수적이라는 사실은 지금도 그렇거니와 과거에도 크게 다르지 않았기 때문이다.

5

강릉 약국과
사족의 공공 활동

## 공국公局의 역할

> 사람에게 질병은 실로 면키 어렵다. 예전부터 성인聖人이 의약을 지어 요절을 구제하였으니 유래가 오래되었다. 오직 우리 강릉은 태백준령 밖 궁벽한 곳에 위치하여 의원도 약재도 없어 질병이 닥치면 비록 효자라 해도 부모를 위해 속수무책을 면치 못한 채 천명을 기다릴 뿐이었으니 달리 무엇을 논하겠는가. 이제 약국藥局을 세우는 것은 기본적으로 인명을 살리기 위한 것이니, 우리 동지同志들이 힘쓰지 않을 수 있겠는가.[169]

1603년 강릉 약국의 운영을 위한 약계를 만들면서 작성했던 『약계선안藥稧仙案』의 머리말이다. 중앙에서 멀리 떨어진 궁벽한 강릉에 약국을 세우고, 이를 재지 사족들이 잘 운영하여 많은 지역민과 의료 혜택을 나누어야 한다는 다짐이 느껴진다. 지금까지 약계는 강릉 사족들의 결사체로 정의되고, 16~17세기 향촌 내 사족지배체제를 강화하기 위한 모임으로 설명되어 왔다.[170] 과연 강릉 약국이 재지 사족의 이익만을 위한 결사체였는지 여부는 조금 더 깊은 논의가 필요하다. 약계의 「범례」를 일별해 보면, 강릉 약국의 설립은 지방의 약재를 중앙으로 납입하려던 중앙 정부의 뜻과 이에 대응하는 지역민의 의지가 작용한 결과였다. 이러한 지방 약국을 운영하기 위해 강릉의 재지 사족들을 중심으로 약계가 결성되었음을 알 수 있다. 기본적으로 강릉의 약국은 앞서 언급한 영주의 제민루와 크게 다르지 않은 공국公局으로서의 기능을 수행했다. 약재 납입의 의무를 이행하는 동시에 의국을 중심으로 지방의 공공 의료의 확산을 도모하기 위한 재지 사족들의 실천의 장소였던 것이다.

현재 남아 있는 「범례」는 1603년에 제정된 이후 17세기 중엽까지 몇 차례의 산삭刪削을 거쳤던 것으로 보인다. 강릉 약국의 운영 상황을 짐작해 볼 수 있는 「범례」의 한 구절을 인용해 보면 다음과 같다.

> 이 계의 설립은 원래 질병을 치료하여 요절을 구제하려는 데 있다. 계원이 아니라도 혹 부모를 구제하거나 혹 자신의 병을 고치거나 혹 생명 구제에 뜻이 있는 경우 추가로 가입해도 무방하다.[171]

기본적으로 강릉 약국의 계원 자격은 재지 사족들 중심의 '가입'을 전제하고 있다. 하지만 약국의 이용은 재지 사족 이하 모든 사람에게 열려 있었다. 다시 말해 약국의 지속적인 운영을 위해서 운영에 적극 참여하는 계원들에게 특혜를 제공하고 있지만, 강릉 및 인근 지역민들 모두가 약국의 약물을 구입하거나 약재를 매매할 수 있었다. 필요에 따라 계원으로 가입할 수도 있었다. 물론 "을해乙亥(1635년) 오월 십육일, 계원 가입 규정[入參禮 完議]"을 살펴보면, 계원의 한도를 25명으로 규정하고 빈자리가 있을 경우에 한해 신입 계원을 받도록 제한하고 있다. 이는 너무 많은 계원이 가입하여 약국의 재원이나 약재가 소모될 것을 염려한 조처였다. 강릉 약국의 공공성을 강화하려던 목적으로 제정된 규칙이었기에, 계원의 대부분인 강릉 사족들의 이익에 부합하면서도 무한정 계원 수를 늘리지 못하도록 한 것이다.

조선의 지방 의국(혹은 약국)은 강릉 약국의 사례에서 보듯 기본적으로 계원들에게 일종의 인센티브를 제공했다. 그것이 질병 치료에 필요한 약물이 되었든, 위기지학을 실천한다는 자부심이든 의국(약국)의 운영에 재지 사족들의 참여를 북돋기 위한 유인이 필요했던 셈이다. 물론 가장 바람직한 경우는 공공을 위한 의국의 운영에 자발적으로 참여하려는 의지의 고양이다. 다시 말해 관료가 되어 활동하거나 이익을 위해서 참여하기보다 공익을 향한 선한 의지들의 실천을 기대하는 것이다.

강릉 약국의 경우에도 운영에 참여하는 계원[사족]들에게 일정한 특혜를 제공하고 있지만, 그렇다고 의국(약국)의 약재나 약물을 오직 계원들만 활용한 것은 아니었다.

　공국公局으로서의 정체성은 「범례」의 다른 조항에서도 드러난다. 앞서 언급한 대로, 조선 초 이래 조선 정부는 지방 의국에 심약審藥을 보내 납입되는 지역산 약재를 검사했다. 약재 검사의 임무 이외에 재지 사족의 자제들 가운데 일부를 가르쳐 의생을 양성하기도 했다. 가령 사족 가문의 서자庶子들은 어려서부터 한문을 익히는 등 독서인으로서의 기본 소양을 갖추었지만 과거에 응시할 수 없었다. 이들 가운데 일부가 의서 습독習讀을 통해 의국의 의생으로 활동하고 있었다. 사족 자제들 가운데 서자나 과거에 합격하지 못한 식자층을 대상으로 의생 훈련을 받도록 했던 것이다. 강릉 약국의 경우에도 연소한 의생들을 약국에 소속시킨 후 다른 역을 면제하고 영구히 약국에서 활동하도록 한 규칙이 있다.[172] 나아가 의생들 가운데 실력이 출중한 경우, 의관醫官으로 승진시켜 다시금 연소한 의생을 교육하도록 했던 것으로 보인다. 이는 강릉 약국이 사족들의 결사체라기보다, 조선 정부의 약재 공납과 지방 의료 인력의 양성과 밀접하게 관련되어 있었음을 암시하는 대목이다.

　강릉 약국에 소속되었던 의관이나 의생, 그리고 약재를 채취하는 채약인採藥干과 창고 고직 등 강릉 약국의 상설 인력들을 위한 운영 규정을 보면, 영주 제민루와 마찬가지로 조제 약물을 팔거나 약재를 매매하여 남은 이익금으로 충당하도록 했다.[173] 강릉 약국 역시 영주 제민루의 운영과 크게 다르지 않았다. 1603년 임란 후의 복구 과정에서 재건된 강릉 약국은 지역 사족들의 참여[약계]로 운영되었지만, 기본적으로는 강원도와 강릉 인근의 약재를 중앙에 납입하고 각종 조제 약물과 약재를 지역민들에게 공급하던 공국의 성격이 강했다. 한 마디로 조선 정부가 한 도에 2-3개의 의국을 설치하여 중앙과 지방의 약재 공급의 유통망을 확장하고 이를 토대로 공공의료의 혜택을 전 인민으로 확산하려던 정책에 정확히 부합하고 있었다.

  강릉 약국에는 의관이나 의생에게 필요한 의서와 약재들이 갖추어져 있었다. 「범례」에는, "병을 다스리고 약재를 채취하려면 의서가 필수적이다. 가령 『본초本草』,[174] 『정전正傳』,[175] 『화제和劑』[176] 등을 구입하면 의국에 비치하는데, 강릉에서 구할 수 없는 의서는 서울에 사람을 보내 구입한다."[177]라고 규정해 두었다. 1603년 당시 『동의보감』의 출간 이전이므로 강릉 약국의 서고에는 주로 명대에 간행된 『의학정전』과 처방집 『화제국방』, 그리고 본초서 등이 비치되었던 것으로 보인다. 이후 『동의보감』(1613년 간행)이 출간되자 구입했는데, 흥미롭게도 『동의보감』은 타인에게 대여할 수 없다고 못 박아 두었다.

"의국 내의 의서는 타인에게 빌려 줄 수 없다. 그중에서도 『동의보감』은 일체 다른 사람 손에 들어가서는 안 된다. 만일 규칙을 어기고 반출한 경우, 담당 유사가 경중에 따라 처벌한다."[178]

강릉 약국에서 소용되는 약재는 기본적으로 산과 들에서 채취하지만, 일부는 약전藥田에서 재배했다. 『세종실록지리지』의 강릉 토산 약재 항목에는, 인삼과 오미자를 비롯하여 당귀·목단피·복신·백급 등 십여 종에 달하는 약재 목록이 나열되어 있고, 16세기 후반의 『신증동국여지승람』에는 잣·오미자·자단향·지치[紫草]·송이·인삼·지황·복령·꿀 등 역시 십 여종에 달하는 약재 목록이 기록되어 있다.[179] 강릉의 지방지 『임영지臨瀛誌』에 의하면, 강릉의 춘추와 납월의 진상 약재 수는 무려 50여 가지에 달했다.[180]

강릉 약국은 강릉 및 인근의 약재 수십 종을 채취 후 법제를 거쳐 중앙으로 납입했을 것이다. 약계의 「범례」를 보면, 강원도 관찰사는 채취 시기에 맞춰 강릉 및 관할 인읍에 약재의 채취를 독려하고 이를 강릉 약국으로 수합하도록 명령했다. 특히 약재를 채취할 때, 약국의 계원[주로 사족들]들은 자신의 노비 한 명씩을 약국에 보내 채약을 돕도록 했다. 강릉 약국에 채약을 전담하는 약한이 소속되

<표 2> 강릉의 약재 진상 내역

| 구분 | 종류 | 진상 물목 및 수량 |
|---|---|---|
| 약재<br>藥材 | 춘등<br>春等 | 모향茅香 4근 6냥, 백복령白茯苓 14냥 6돈, 적봉령赤茯苓 1근 2냥, 복신茯神 9냥, 백청白淸 4근, 자초紫草 8냥, 대암풀[白芷] 1근, 백작약白芍藥 9냥, 천궁川芎 1근 3냥, 마뿌리[山藥] 10냥, 모란뿌리껍질[牧丹皮] 3냥, 당귀當歸 1근 14냥, 황벽나무껍질[黃栢皮] 1근 8냥, 종유석[石鍾乳] 3냥, 시호柴胡 1근 1냥, 강활羌活 10냥. |
| | 추등<br>秋等 | 모향茅香 2근 5냥, 황벽나무껍질[黃栢皮] 8근 15냥 5돈. |
| | 동등<br>冬等 | 변두콩[白扁豆] 1근 7냥, 말불버섯[馬勃] 3냥, 백복령白茯苓 1근 14냥, 적복령赤茯苓 1근 8냥, 당귀當歸 2근 6냥, 천궁川芎 1근 5냥, 개나리열매[連翹] 9냥, 매미허물[蟬退] 1냥 1돈, 오미자五味子 1근 11냥, 하수오何首烏 15냥 5돈, 으름덩굴[木通] 1근 15냥, 백작약白芍藥 1근, 땅두릅[獨活] 1근 10냥, 어린탱자열매[枳實] 1근, 순비기나무 열매[蔓荊子] 12냥, 방풍防風 8냥, 시호柴胡 4냥, 칡꽃[葛花] 1냥 1돈, 과루인苽蔞仁 5냥 5돈, 강활羌活 10냥, 모란뿌리껍질[牧丹皮] 6냥, 천마天麻 10냥, 인진쑥[茵陳] 1근, 인동덩굴꽃[金銀花] 6냥, 칡뿌리[葛根] 2근, 자단향紫丹香 17근 8냥, 대암풀[白芷] 4냥, 마황麻黃 10냥, 은행銀杏 3말. |
| | 납등<br>臘等 | 석청石淸 1되, 양귀비[鶯粟殼] 1근 5냥, 영양뿔[羚羊角] 1대, 긴살모사[白花蛇] 1조. |
| 해산물<br>[海錯] | 춘등<br>春等 | 건문어乾文魚 2마리, 생문어生文魚 1마리, 올미역[早藿] 3근【이상 정조진상正朝進上】. 올미역[早藿] 24근【정월천신 진상正月薦新進上】. 반건대구半乾大口 8마리, 건문어乾文魚 3마리, 대구고지란大口古之卵 9되 5홉, 올미역[早藿] 4근【이상 정월삭 진상正月朔進上】. 건대구乾大口 8마리, 건광어乾廣魚 8마리, 생홍합生紅蛤 1말 1되, 미역[粉藿] 8근【이상 2월삭 진상】. 생송어生松魚 3마리, 미역[粉藿] 2근【이상 3월삭 진상】. |
| | 하등<br>夏等 | 건문어乾文魚 2마리, 염송어鹽松魚 9마리【이상 4월삭 진상】. 건연어乾鰱魚 6마리【이상 6월삭 진상】. |
| | 추등<br>秋等 | 생연어生鰱魚 12마리【종묘의 천신에 바쳤는데, 절기가 빠를 경우에는 장계狀啓를 올려 여쭌 후 진봉進封】. |
| | 동등<br>冬等 | 생문어生文魚 5마리, 생대구生大口 10마리【이상 천신진상薦新進上】. 염연어鹽鰱魚 3마리, 연어알[鰱魚卵] 1말【이상 10월삭 진상】. 건문어乾文魚 2마리, 연어알[鰱魚卵] 3되, 염연어鹽鰱魚 2마리【이상 동지진상冬至進上】. 건문어乾文魚 3마리, 반건대구半乾大口 6마리【이상 12월삭 진상】. |

어 있었지만, 사족들은 노비를 동원하여 납입 약재의 채취를 도왔고, 이는 강릉 약국이 약재의 납입과 공공의료를 위한 공국이었기에 가능한 일이었다.

강릉 약국은 강릉 및 인근의 약재 수십 종을 채취 후 법제를 거쳐 중앙으로 납입했을 것이다. 약계의 「범례」를 보면, 강원도 관찰사는 채취 시기에 맞춰 강릉 및 관할 인읍에 약재의 채취를 독려하고 이를 강릉 약국으로 수합하도록 명령했다. 특히 약재를 채취할 때, 약국의 계원[주로 사족들]들은 자신의 노비 한 명씩을 약국에 보내 채약을 돕도록 했다. 강릉 약국에 채약을 전담하는 약한이 소속되어 있었지만, 사족들은 노비를 동원하여 납입 약재의 채취를 도왔고, 이는 강릉 약국이 약재의 납입과 공공의료를 위한 공국이었기에 벌어진 현상이었다.

> 이 지방에서 생산되는 약재는 거의 백여 종에 이르는데 계절에 따라 채취하여 시기를 놓치지 않도록 한다. 채취하는 날 계원들은 각각 건장한 노奴 한 명씩을 약국에 보낸다. 어떤 약재를 어떤 사람이 채취하였는지, 채취가 끝나면 약국에 납부하는데 많을수록 좋다(관찰사는 인근 고을에 정문을 보내 약재를 수합하도록 한다).[181]

강릉 약국의 경우, 승려를 약물 채취에 동원했던 제민루 의국이나 의국 소속의 약한藥漢들에게 채취를 주로 맡겼던 다른 의국들의 사례와 달리 사족들의 노비를 활용하여 약재를 채취하는 특이한 양상이 나타났다. 강릉 약국의 운영을 맡았던 계원들[사족]에게 약물 사용의 특혜를 주었던 만큼, 공공의 책임을 강조하는 차원에서 약재 채취의 역을 나누도록 했던 것이다.

공납을 위한 약재 채취 이외에 강릉 약국에는 고가의 중국산 약재를 비롯해 강원도 인근에서 산출되지 않는 여러 가지 약재를 구비해 두어야 했다. 약국에서 판매할 납약 등 구급약이나 상비약을 제조하려면 다양한 약재가 필요했는데 결국 무역으로 해결할 수밖에 없었다. 당연히 약재 구입에 필요한 자본금과 관리자가 있어야 했다. 약계의 규칙은 강릉 약국의 운영이나 약재 구입을 위한 최초의 원금[자본금]을, 각 리里에서 일정하게 분담하도록 했다.

> 당재唐材 및 지역에서 나지 않는 약재를 반드시 무역하는데, 약가는 우선 각 리里에서 미곡을 갹출하여 원금[자본]으로 삼는다. 이후 약재를 팔아 거둔 이익[米]으로 무역할 자금을 삼는다.[182]

뒤에 살펴볼 상주 존애원의 경우 상주 사족들의 모금을 통해 약재 구입의 자본금을 삼았고, 영주 제민루는 관에서 해당 비용을 제공한 데 비해, 강릉 약국은 리 단위로 부담금을 할당해 자본금을 마련했다. 이렇게 보면, 강릉 약국은 약재의 공납에 지역민들이 공동으로 대응하려는 의지가 컸던 것으로 보인다. 이는 강릉 약국의 운영을 담당할 약계의 계장과 유사들을 관할 군현과 각 면의 유사로 선임하도록 한 규정을 통해서도 짐작할 수 있다.[183]

강릉 약국의 소용 약재는 지역에서 채취하거나 무역을 통한 확보만으로 충분치 않았다. 강릉부는 약국에 토지[藥田]를 지급하고 필요한 약재를 재배하도록 독려했다.[184] 제민루의 경우에도 상당한 의국 소유의 전답과 의국 소속 노비들이 확인된다.[185] 의국의 노비들은 일반적인 농사 이외에 약재 재배에 동원되었다. 조선의 지방 의국은 지역의 약재를 채취하거나 때에 맞추어 약재를 재배하여 중앙에 납입할 약재들의 수량을 맞출 의무가 있었다.

강릉 약국 역시 이러한 공국의 역할에 충실했다. 강릉부에서 확정한 약한과 고직 등을 다른 곳으로 이주하지 못하도록 한 규정이나 지방관의 행차에 동원할 수 없도록 한 범례를 보면, 강릉 약국 설립과 약계의 취지가 다시 한번 확인된다. 뿐만 아니라 약재를 채취했던 약한이나 약재 창고의 고직 등에게 신변의 변화가 발생했을

시, 반드시 근실한 사람을 선발하여 충원하고 유사는 항상 이들의 근무 태만 여부를 살펴 의국의 계장에게 보고하거나 처벌할 수 있도록 했다.[186]

강릉 약국의 약재 관리 규정은 상당히 엄격했다. 계원들 가운데 고가의 당재나 강원도의 토산 약재가 아닌 것을 선물로 받거나 구입했을 경우 반드시 약국으로 보내 공유하도록 했다. 계원이 아니라도 희귀한 약재를 입수한 경우 약국에 납부하도록 했다. 물론 약재를 납부하면 본인에게 필요한 다른 약물과 교환할 수 있도록 했다. 약재의 교환은 『고사촬요攷事撮要』의 표준가를 기준 삼았다. 인삼 등 고가의 약재는 아무리 돈이 많아도 계원에게는 5푼, 비계원의 경우 3푼만을 허용하는 등 약국의 약재 수급에 상당한 주의를 기울였다.[187]

정리해 보면, 강릉 약국은 사족들만의 기구나 조직이 아니었다. 강릉 약국과 그 운영을 위한 약계는 강원도에 할당된 공납 약물의 납입 의무를 다하기 위한 지역민들의 공동 대응의 소산이었다. 기본적으로 약재 납입의 창구였지만, 다른 한편으로 약국을 통해 부족한 약재를 구입하거나 교환 혹은 매매하고 이를 통해 지역민을 위한 상비약 및 구급약을 공급하는 장소였다. 강릉의 각 리에서 일정한 분담금을 갹출하여 약국 운영을 위한 자본금을 마련했고, 약재를 거래하거나 조제 약물을 팔아 남긴 이익으로 약국의 존속이 가능했다. 계원으로 참여했던 재지 사족들은 노비를 차출하여 약재 채취를 돕거나 의서 구입이나 약물 제조, 그리고 재정 운영에 관여하면서 약국을 유지하고, 어느 정도의 약재나 약물 사용상의 특혜를 받았다.

  약국의 관리 및 운영에 재지 사족들의 참여는 당연했다. 이른바 약국의 계장契長을 비롯하여 약국의 지속적인 존립을 위해 청렴하고 공적인 인사가 필요했다. 엄격하게 약재 및 약물의 출입과 영업 이익 상태를 관리하지 않는다면, 애초 마련한 약국의 자본금은 모두 소진될 것이요, 약국은 조만간 파산할 수밖에 없었다. 강릉의 재지 사족들은 약국을 관리하는 공적 책임을 떠맡는 대신 약간의 인센티브를 제공받았다. 이를 두고 약계를 사족들의 결사체나 계원의 특혜만을 위한 모임으로 평가한다면, 16~17세기 지방 의국(이나 약국)에서 위기지학을 실천했던 재지 사족들의 노력과 그 역사적 의의를 지나치게 낮추어 보았다는 비판을 면치 못할 것이다.

## 재지 사족의 참여

강릉 약국은 강릉부사의 감독하에 있던 공국이었지만, 재지 사족들의 협조[약계]로 운영되고 있었다. 따라서 강릉 약국의 약물 입수와 관리 등을 책임질 계장과 유사 등은 당연히 계원들과 유향소의 사족들이 모여 의논하고 강릉부사의 승인을 받아 결정하도록 했다.[188]

> 계장契長은 마을[郷]의 존장尊長 2인을 추대하고, 유사有司 4인은 근면하고 건실한 자로 정하고, 이들 가운데 매년 두 사람이 돌아가면서 약재를 무역하고 사들이는 일, 출납 및 보관하는 일 등을 전담한다. 향소郷所의 1인이 검칙檢飭을 겸한다.[189]

강릉 약국의 운영을 맡은 계장契長은 기본적으로 재지 사족들이 담당했다. 한 지역의 존장이라면 유향소의 좌수·별감을 의미했다. 이 중에 계장을 골라 약국을 관리하고, 나머지 한 사람이 운영을 감사하는 검칙의 지위를 맡도록 했다. 유사 역시 인근 지역의 존위나 면장 등을 골라 약재 무역과 출납 등 일체의 운영을 책임지웠다. 이를 통해 강릉 약국의 운영을 위한 계장 및 검칙은 재지 사족들에 맡겨졌고, 정기적으로 강릉부사의 관리 감독을 받았던 것으로 보인다.

약국의 계장이나 유사가 규약을 따르지 않거나 약재를 낭비하고 약국의 물건을 사사로이 사용할 경우 징계하도록 했다. 약국에 소속된 고직이나 약한 등을 계장이나 유사가 함부로 부릴 수 없도록 한 것은 물론이었다.[190] 계장과 유사는 약국의 전반적인 운영을 책임졌는데 해당 규정이 매우 꼼꼼하여, 의생들이 사용하는 약재를 싸는 첩지는 물론 약저울이나 약장藥欌 및 약작두의 관리까지 세밀하게 관리하도록 조목을 마련해 두었다.[191] 약국에서 필요한 각종 도구는 가능한 미리 구비하고, 망가지면 반드시 수리하도록 했다.[192]

흥미롭게도 강릉 약국의 운영에 강릉 출신 재경 사족들의 모임[경재소]이 관여했다. 강원도와 강릉 지역에서 구하기 어려운 희귀 약재의 구매를, 이들 서울에 거주하는 강릉 사족들이 도왔던 것이다. 이를 통해 강릉 약국은 유향소의 재지 사족들과 경재소의 강릉 사족들이 서로 긴밀하게 연결되어 운용되었음을 알 수 있다.[193]

중국산 당약재는 한양에서조차 구입하기가 쉽지 않았다. 지방의 경우는 더욱 어려워 희귀한 약재의 경우, 그 가격이 서울의 수 배에 달할 정도였다. 조선 초 이래 조선 정부는 가능한 모든 처방에 소용되는 중국산 약재를 향약재로 대체하고자 노력했다.『동의보감』편찬 당시 선조가 허준에게 당부한바 역시 향약재의 활용도를 높이는 일이었다. 고가의 약물 대신 저렴하고 쉽게 구할 수 있는 국산 약재를 활용한다면 치료 비용을 절감할 뿐 아니라 더 많은 백성들에게 의료 혜택이 돌아갈 수 있었다.[194]

16세기의 관료이자 학자였던 김안국은 중국 황제에게 표문表文을 올려 조선에서 필요한 약재 무역을 상시적으로 허용해 달라고 간청할 정도였다. 중국 약재[唐材]의 매매는 정기 사행 때만 가능했다. 조선에서 필요한 약재의 수량을 감당하기에는 턱없이 부족한 상황이었다. 중국산 약재는 구하기도 어려울뿐더러 고가일 수밖에 없었다. 강릉 약국의 규칙에는 중국산 당약재를 매입할 경우, 담당 유사가 경재소의 강릉 출신 사족에게 미리 약값을 지급하고 이를 가지고 사신使臣의 처소에 가서 친히 구입하도록 규정했다. 어차피 약재가 없다면 환자의 치료는 불가능했기에, 고가의 중국 약재를 구입하기 위해 가능한 모든 네트워크를 활용하도록 한 것이다.[195]

임란 후 명·청 교체기가 이어지면서 조선에서 중국 약재를 구득하는 일은 하늘의 별 따기와 같았다. 평소에도 강릉은 서울의 네다섯 배의 약가藥價를 치러야 중국산 약재를 구입할 수 있었는데, 전쟁 이후 그 가격이 열 배로 앙등했던 것이다. 강릉 약국은 약재 관리에 더욱 신경 쓰지 않을 수 없었고 새로운 규약이 더해졌다. 약값을 제대로 지불하지 않을 경우 일체의 약재와 약물을 제공하지 말라는 조항이었다. 약국의 재정을 유지하기 위한 고육지책이었다.

> 강릉 약국[鄕局]의 약재 가격이 비싸니, 평상시에도 서울의 너덧 배이다. 지금 중국의 무역로가 막혀 구할 수도 없다. 무릇 귀한 약재는 전보다 열 배나 하므로 매매하고 약값을 받는 일을 이전처럼 소홀할 수 없다. 전부터 약을 구하는 사람이 지병이 급하다면서 간혹 약가를 지불하지 않고 먼저 약을 지어 간 경우가 있는데, 심지어 끝내 상환하지 않으니 약국의 재정이 비축되지 않는 것이 모두 이 때문이다. 진실로 작은 걱정이 아니므로 이후에는 약값을 지참하지 않고 약을 구하려는 자는 일절 지급하지 않기로 의논하고 규약을 세워 밝히니 모두 신규에 따라 거행할 일이다.[196]

제약劑藥하는 의생들에 대한 규정도 강화되었다. 만일 의생이 인정에 구애되거나 강릉부의 관리나 재지 사족들의 위압에 지레 겁을 먹고, 규칙을 따르지 않고 임의로 약을 지어주었다가 약값을 받지 못했을 경우 해당 의생이 전부 약값을 물어내도록 규정한 것이다.[197] 약국의 지속가능성은 약채藥債를 제때 수거하고, 이익금을 통해 부족한 약재를 무역하거나 제조 약물을 판매하여 이익을 남기는 선순환 구조 위에서만 가능했다. 뒤에서 살펴볼 상주 의국 존애원의 경우도 악성 부채의 누적으로 인해 결국 파산하고 말았다.

지방 의국의 부실 운영은 약값을 갚지 않는 악성 채무자가 늘고 의국의 자본금이 잠식되어 회생이 불가능해진 탓이 컸다. 의국은 일종의 대부업을 겸해 민간에 미곡 등을 빌려주고 그 이자를 불리는 방식으로 이익금을 늘려나갔는데, 누적된 채납은 곧바로 운영상의 어려움을 야기했다. 어떻게든 채무를 갚도록 해 약국의 재정건전성을 회복해야 했다. 상환하지 않는 이들을 관청에 고발하여 상환을 독촉하도록 규정을 제정한 이유였다.

> 약국에서 운영하는 장리長利를 받아먹은 사람이 수년 동안 상환하지 않아 십여 석이 되는 자가 비일비재하다. 본 의국에서 호령해도 징수될 기세가 만무하니 심히 한심스럽다. 지금 이후에는 상환하지 않은 것이 많은 자는 관청에 고발하여 상환하도록 할 것이다.[198]

강릉 약국은 약재와 제조 약물을 판매하여 남은 수익금으로 운영할 수밖에 없었다. 따라서 약국을 운영하는 계원들에 대한 지나친 특혜는 약국의 지속을 어렵게 하는 또 하나의 요인이었다. 계원 특혜를 제한하는 규정이 불가피했다. 약국의 계원과 비계원의 차별은 유지하되, 계원에 대한 지나친 우대는 막아야 했다. 임진왜란 후 강릉의 약재가는 서울의 수배에 달하고 있었다. 따라서 계원의 경우는 서울에 준하는 약재가를 적용했지만 비계원은 시세보다 낮지만 계원들보다는 비싼 약값을 치러야 했다. 가령 생지황과 숙지황은 『고사촬요』의 약가藥價를 기준으로 두 배의 값을 치르도록 한 것이다.

약국 계원에 대한 특혜를 폐지할 수 없지만 지나친 재정 및 약재 소요는 문제였다. 계원들의 부모나 계장·유사 본인들의 질병 치료의 경우, 한 달에 한 번은 우대를 허용했지만, 그 이외에는 비계원에게 적용하는 약가藥價를 따르도록 했다. 지역산 약재가 아니거나 당약재의 경우에는 계원에게도 반드시 약값을 먼저 지불한 후 약재를 내주도록 규정을 보완했다.

아울러 강릉부사나 관아 서리들의 질환에 네다섯 번 정도는 계원의 지위에 준하는 혜택을 주었지만, 그 이외에는 비계원의 기준을 적용하도록 강제했다.[199] 계원들에 대한 우대와 특혜는 약국의 재정이 정상으로 여유가 있을 때만 가능했다. 재정 상황이 열악해지면, 강릉부의 관리들이나 계원 모두 할 것 없이 반드시 약값을 선지급한 후 약재를 지급받도록 했으며, 약재의 가격 역시 『고사촬요』를 기준으로 두 배를 지불하도록 했다.[200]

〈표 3〉 강릉 의국의 조직

| 직위 | | 담당계층 | 비고 |
|---|---|---|---|
| 계장(2인) | | 재지사족 | 약국 계장 |
| 유사(4인) | | | 약물 무역 등 제반 업무 관리 |
| 검칙(1인) | | | 약국 운영의 관리 감독 |
| 의생 | 의관 | 양인 이상 | 약재 관리 및 의약 제조 |
| | 제약 생도 | | |
| 약한 | | 상·천민 | 약재 채취 |
| 고직 | | | 창고 관리 |

 이상 엄격한 운영 규칙을 통해, 강릉 약국은 계원들뿐 아니라 실제 비계원들에게도 시세보다 낮은 가격으로 약재를 공급하는 효과를 거둘 수 있었다. 더 많은 지역민과 의료 혜택을 나누는 동시에 공국으로서 약국의 정체성을 잘 유지하도록 했다. 나아가 이러한 혜택에 기초하여 약국의 계원으로 참여하도록 하는 유인誘因을 제공했다.

 물론 계원에 대한 특혜 규정, 즉 약국 운영에 참여하는 대신 제공하는 '이익의 상한선'을 두고 논란이 끊이질 않았다. 가령 무자년 12월(1648년, 인조 26)에 새로 추가된 약국의 「입규立規」를 보면, 계원에 대한 혜택을 확대한다는 조치였다. 애초의 규칙[契令]에는 계원의 부모 혹은 계장·유사 본인의 질환을 치료하는 경우, 한 달에 한

번 우대하지만 나머지는 비계원의 약가를 적용하도록 했다. 그런데 이 규정을 고집하다 보니, 계원 본인의 질병 치료에 계원이 아닌 비계원의 기준을 적용하는 경우가 많았던 것으로 보인다. 당연히 계원들의 불만이 늘었다. 더 많은 사족이 약계의 계원으로 공국의 운영에 참여하도록 격려하려면 계원에 대한 인센티브를 확대할 필요가 있었다. 결국 강릉 약계는 1648년 이후, 계원 본인이나 처자식의 질병 치료를 위해 1년에 다섯 번을 정해 계원의 약가藥價를 지불하고 첩약을 복용할 수 있도록 수정했다. 물론 다섯 번을 넘으면 비계원의 약가를 적용하도록 했다. 만일 본인의 질병이라고 속이고 다른 사람에게 약재를 제공한 경우가 밝혀지면, 즉시 계원의 자격을 박탈하도록 했다.[201]

요컨대, 강릉 약국은 중앙에 약재를 납입하기 위한 지역의 공동납 대응 체제의 일환인 동시에 약계 구성원들의 참여에 대한 인센티브를 제공함으로써, 약국 운영에 적극적으로 동참하려는 의지를 북돋고 있었다. 확실히 약국의 지속가능성을 위해서는 운영에 참여하는 계원들에게 다양한 인센티브를 제공하지 않을 수 없었다. 어느 정도 계원들의 이익을 보장하여 공공 의국(약국)이 지속될 수만 있다면, 더 많은 강릉 및 인근의 지역민들이 약국의 존속으로 인한 의료 혜택을 받을 수 있었기 때문이다. 물론 약계 계원들의 특혜가

지나치거나 남용으로 인해 약국의 공적 지위가 흔들린다면 이를 그대로 방치할 수도 없었다.

확실히 공공을 위한 실천이라는 비물질적인 명예로 동기 부여가 충분하다면 가장 바람직했다. 분명한 것은 위기지학의 실천이라는 자부심과 계원이 누릴 수 있는 물질적 이익의 한계 사이의 균형을 잘 유지함으로써, 공공 의료의 토대로서의 지방 의국의 존립이 가능하도록 주의를 기울여야 했다는 사실이다. 문제는 조선의 지방 의국을 지속적으로 유지하고 운영하는 일이 생각보다 어려운 과제였다는 점이다. 의국(약국)은 지역민들의 선의에만 기대어 지속할 수 없었고, 그렇다고 완전히 영리 기관처럼 운영할 수도 없었다. 공공을 위한 실천에 동참하려는 선의를 장려함과 동시에 약국의 운영에 참여하는 이들에게 적절한 혜택이 돌아가야 했고, 나아가 안정적인 재정 운용을 위해 존본취리의 영리 활동으로 이익을 축적하는 일도 소홀할 수 없었다.

운영을 둘러싼 기본적인 갈등 사이에서 균형이 필요했다. 의국의 운영에 참여하는 계원들에 대한 혜택과 약재 판매를 통한 의국의 영리 행위가 공공의 이익을 해치는 선을 넘지 않도록 조절되어야만 했다. 그 넘지 말아야 할 적절한 '시중'의 선이 어느 정도인지는 각각의 의국이 처한 구체적인 현실에 따라 달랐다. 이를 둘러싼 운영상의 묘를 찾지 못하면, 부채가 누적되거나 자본금이 잠식되는 상황이 닥쳤다. 조선 후기에 이르러 대부분의 의국이 파산 혹은 유지되지 못했던 이유가 여기 있었다.[202]

 결론적으로, 지방 의국(약국)의 지속가능성을 위해서는 반드시 현능賢能한 관리자가 필요했다. 덕과 능력을 모두 갖춘 이들이 사익의 추구를 넘어 공동선의 구축을 실현해야 했다. 지방의 약국 운영을 위해 앞장설 사족들, 강릉 약국의 초기에 계장을 맡았던 심장원이 그 주인공이었다.

## 사족 심장원과 지방관 정경세

현존하는 강릉 약계 자료에 의하면, 심장원은 1603년 의국 설립 당시 계장契長을 담당했다. 심장원의 본관은 삼척으로, 심씨가 삼척을 본관으로 삼은 것은 심동로(1310~?)가 시초였다. 심장원의 집안이 강릉으로 입향한 시기는 여말선초로 추정되는데, 『삼척심씨세보三陟沈氏世譜』에 따르면,[203] 심동로의 3세손인 원달原達과 원연原連이 결혼 후 처향인 강릉으로 이주했고, 이때부터 심씨 가문이 강릉에 세거했다고 알려져 있다.[204]

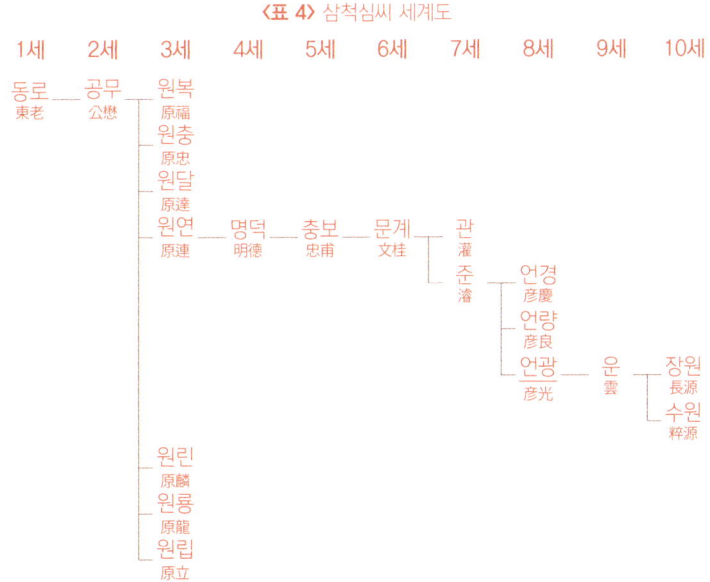

〈표 4〉 삼척심씨 세계도

강릉 의국 약계의 창립 멤버인 심장원을 이해하려면, 조부인 심언광沈彦光(1487~1540)을 우선 살펴볼 필요가 있다. 심언광의 호는 어촌漁村, 자는 사형士炯이다. 그는 21세 때인 1507년(중종 2) 진사시에 합격하고, 23세 때인 1509년(중종 4)에 강릉 출신 기묘사림인 박수량朴遂良(1475~?)·최수성崔壽峸(1487~1521)과 함께 경호재鏡湖齋에서 강회講會를 연 장본인이었다. 이를 통해 심언광이 기묘사림들의 도학 운동과 밀접하게 연관되어 있음을 추측할 수 있다. 박수령, 최수성, 심언광 모두 강릉의 향현사에 배향되어 강릉의 교화에 앞장선 인물들로 칭송되고 있다. 심언광은 1511년(중종 6) 도봉道峯의 조광조를 방문하여 학문을 토론했을 뿐 아니라, 1512년(중종 7) 주세붕을 만나 『심경心經』을 강론하기도 했다. 1520년(중종 15) 조광조가 세상을 떠나자, 심언광은 조광조의 죽음을 안타까워하는 만시輓詩를 짓기도 했다.

1513년(중종 8) 식년문과에 합격한 이후 심언광은 주요 관직을 두루 거치며 강릉의 대표적인 재지 사족 가문으로 성장했다. 30대의 나이에 이미 예조·병조·이조정랑 등 육조 낭관직과 홍문관·사헌부·사간원 등 청요직을 두루 역임했던, 그는 40세 이후에도 관력이 끊이질 않아 이조·병조·예조·공조참판을 비롯하여 공조·이조판서, 함경도 관찰사, 우참찬 등에 올랐다.

화려한 관력을 자랑하던 그가 후일 사람들로부터 강하게 비판을 받았던 이유는 권신 김안로와 연관된 일 때문이었다. 심언광이 김안로의 복권 운동에 연루되어 불명예스럽게 정계를 은퇴했기 때문이다. 중종은 김안로를 사사한 후 심언광을 재등용하려 했지만, 이미 김안로와 함께 한 일이 문제가 되어 대간의 탄핵을 벗어나기 어려웠다. 이 일을 두고 실록의 사신史臣은 심언광을 다음과 같이 비판했다.

> 심언광은 사람됨이 질박하고 솔직하며 시문을 잘했다. 뜻을 얻자 자주 대각臺閣의 의논을 마음대로 하여 한때의 소장疏章이 그의 손에서 많이 나왔다. 김안로가 권세權勢가 있었지만 심언광과 잘 지내려고 경변사로 천거하기도 했다. 그러나 심언광은 김안로의 심술을 잘 알기에 친지에게 간신이라고 했다가 그 말이 누설되었다. 김안로가 화가 나 은밀히 심언광을 함경감사로 보내려 꾀하였다. 심언광은 그 간계를 일찍 분변하지 못했고 이미 김안로와 함께 일을 한 터라 공론이 용서하지 않았다.[205]

후일 우암 송시열은 "당초에 일을 그르친 책임을 공[심언광]이 회피하기 어려운 데다, 이간질한 사람들이 기회를 틈타 공을 배척했다. 공의 충성스러운 마음은 끝내 실패로 돌아가고 말았다."라며 안타까워했다. 심언광은 귀향 후 1540년(중종 35)에 54세를 일기로 세상을 떠나고 말았다. 1684년(숙종 10)에 후손들의 노력으로 신원되고, 1761년(영조 37)에는 '문공文恭'의 시호가 내려졌다. "명민하고 학문을 좋아함을 '문'이라 하고, 과실을 지었다가 능히 고침을 '공'이라 한다敏而好學曰文 既過能改曰恭l."라는 칭송이었다.[206]

강릉 출신의 학자 허균 역시 강릉이 배출한 명사 중에 "국가에 공이 많아 현신賢臣이 된 이는 최치운 부자요, 학문과 조행操行으로 사림에서 칭송된 이는 박공달과 박수량이요, 문장으로 세상에 이름을 날린 이는 심언광과 최연崔演이다."라고 하여 심언광의 학문과 문장을 높이 평가한 바 있다.[207] 한마디로 기묘사림의 도학 운동에 동참했던 심언광은 사림파에 속하면서도 기득권 세력인 김안로와의 관계를 완전히 떨치지 못한 채 귀향 후 세상을 떠나게 되었다. 심언광에 대한 후배 학자들의 비판과 기묘사림의 정체성을 둘러싼 저간의 사정을 고려해 볼 때,[208] 심언광의 후손 심장원沈長源(1531~1607)이 출사를 포기하고 재지 사족의 역할에 충실하려 했던 이유를 짐작할 수 있다. 과거를 그만둔 심장원은 오직 학문에 침잠하면서, 위기지학을 실천할 수 있는 강릉 약국의 운영에 관여했던 것으로 보인다.

심장원의 외조부는 강릉의 재지 사족인 강릉 김씨 김광철金光轍(1493~1550)이었다. 김광철의 첫째 딸이 심언광의 아들 심운沈雲(1512~1545)과 혼인했고, 둘째 딸이 허엽許曄(1517~1580)과 결혼했으니, 허균의 외조부 역시 김광철이었다. 심운에게는 심장원과 심수원沈粹源 두 아들이 있었고 허엽에게는 허균이 있었으니, 사실 심장원과 허균은 이종사촌이라는 가까운 사이였다.[209]

후일 공주목사로 재직 중이던 허균은 심장원의 비문을 지어 그의 학행을 높이 칭송했다. 심장원이 초시에 여러 차례 합격했지만 대과에 끝내 급제하지 못하고, 과거시험을 포기한 이후에는 고서화古書畫를 수집하고 다양한 학문을 탐닉했다는 것이다. 심장원은 누군가 귀한 서책을 가지고 있다는 말을 들으면 반드시 방문하여 손수 초록하는 등 호기심이 많았다.[210] 허균의 평가를 통해, 심장원이 성리학뿐 아니라 불교와 의학에도 조예가 깊었음을 알 수 있다. 사실, 그가 강릉 약국의 운영에 어떻게 관여했는지 구체적으로 알려줄 사료가 부재하여 자세한 설명은 불가하지만, 도학을 실천하려는 의지와 의술에 밝았던 면모를 고려하면 강릉 약국에서의 활동을 어느 정도 짐작할 만하다.

## 沈長源墓表　　許筠

進士沈兄名長源字景混三陟人高麗學士東老之
裔曾祖日濟文科戶曹佐郞贈左贊成祖曰彥光事
恭僖王官至吏曹判書顯晚以廢卒父曰雲賢
而文早逝母江陵金氏禮曹叅判光轍之女公生
于嘉靖辛卯于萬曆丁未七月享年七十七公早
毫無取舍與人交杜門日事攻文奉祭祀甚潔戊辰父
母忌必終日危坐泣涕屢以詩賦魁京鄕解
孤能自力學與聞甚博性孤介不合於時非義則一
得進六而卒不第晚年退居江陵鑑湖上有先廬治
其客位前臨湖水以漁釣爲伴植花竹日哦詩多著
古書盡閱人有異書則必往求之手自抄錄倦人
有爽者必責以不學焉無益枝未嘗一至官府見儒
士則軒談論不息所著有詩文積數十卷詩則法西崑
甚富艶陰厭李粟谷與之倡和自以爲不及焉知爲
李氏再娶金氏俱無子有庶出曰珥遺命經前佐郞
說主祖祀書籍卷付之英于湖上先壟子坐午向也
原其卒年九月之十三日也

## 祭亡妻文

惟靈性惟恭悔德剛心開早事先姑、志甚雖死而
從姑未嘗益山荒烟野莫月苦霜寒予、孤親悲影
之寡、輸十八年夫貴陞珙、思貴逵封紫誥回鸞駿
時共貧祈我高官及官已沒、寵命徒頌駕得同槃
我懷漫。想現有知其亦泫瀾、一酌官醪悲未濟潛。

## 祭沈兄長源文

惟兄早攻文學富有詞章何劘搞薬温李樗塲百篇
其悲痛以思君者亦安也而勸君一爵以陳斯言靈
其有知耶其無知耶問而不對吾寧不悲嗚呼哀哉

## 祭松雲老師正公文

在奇珠瑰璣竟新一第桃噫否、愴靑衫淸顬大廈
無業命也若安惟有四喟傲湖山跌岩文史耆年
不懈燈下細字、娛而兼化笑怨傷見展祖不承
肯堂草、此宮鱶川之㳅、東野無見、天道難恃遠隔
痛驕不哭其惟馳文以萬濟下如麼。

祭松雲老師正公文

甪師有言無生無死今其死者其耶妾耳無死就死
無生就生四大亦妄就此就明如、摩尼萬古無毀
一熈靈明秋月在水了夫公案斷大因緣、一利那頂
超西方天以無言文吊無死與生鐡虗空打破

惺所覆瓿藁　卷十五　文部十二　行狀

심장원이라는 재지 사족의 공공 실천과 함께, 1612년 강릉부사로 부임했던 지방관 정경세鄭經世(1563~1633)의 역할을 주목하지 않을 수 없다. 뒤에 다시 언급하겠지만, 정경세는 1602년 상주 의국 존애원의 건립을 주도했던 인물 중 한 사람이었다. 이때 정경세는 무엇보다 공익을 향한 재지 사족의 실천 의지를 강조한 바 있다. 진정한 사족이라면 반드시 관료의 길이 아니라도, 자신이 거처한 향촌(사회)을 '살만한 공동체'로 변모시키기 위한 실천에 참여해야 한다는 것이다. 의국 존애원은 바로 그러한 실천의 방도였다.

정경세의 강릉 부임 당시, 강릉 약국은 재지 사족들의 약계를 중심으로 관리되고 있었다. 1603년 재지 사족 심장원의 약계가 강릉의 공공 약국을 관리했을 때, 약물 사용의 특혜라는 인센티브는 공공을 위한 실천 의지와 함께 약국 운영에 참여하는 주요한 동기였다. 그로부터 10년 후 강릉에 부임했던 정경세는 강릉 사족들의 연대와 공공 실천의 의지를 북돋는 데 더욱 노력을 기울였던 것으로 보인다.

예컨대, 정경세는 강원도 관찰사 여우길呂祐吉(1567~1632)의 강릉부 관아 방문을 계기로 강릉 사족들의 모임을 주최하고 이 자리에서 주공周公의 교화와 그 선정의 효과를 강조한 바 있다. 대사도大司徒가 백성들을 교화하는데, 가족의 효孝와 우友를 넘어 친인척이 화목하도록 목睦과 인婣의 덕행을 주로 가르쳤다는 내용이다. 정경세는 강릉의 풍속이 진실되고 선善을 좋아하지만,[211] 여전히 잘못된 풍속의 교정이 필요하고 '살만한 공동체'로 변화시키려는 노력이 요구된다고 주장했다. 틈만 나면 강릉 사족들의 스승을 자임했던 정경세는 강릉의 유생들과 함께 예서禮書를 통독하고,[212] 풍속의 교정을 주문하는 유시諭示를 잊지 않았다(1613년).

> 강릉부는 사자士子의 성대함과 풍속의 아름다움이 온 도내에 첫째이므로 평소에 문헌의 고을이라고 칭해져 왔다. 이에 못난 내가 이곳을 다스린 이래 실로 기쁘고 다행스러운 마음이 깊었기에, 여러 부로들 및 선비들과 함께 예속을 강명講明해 조정에서 맡겨 준 뜻에 조금이나마 보탬이 되려 했다. (중략) 내가 얼핏 듣건대, 여염의 사족 집안에서도 자못 예를 어기고 풍속을 무너뜨리는 일을 하고 있다고 한다. 이는 필시 보고 들은 데에서 습관이 되어 잘못된 예법을 답습하면서도 그렇게 하는 것이 잘못된 예에 빠져드는 줄을 스스로 알지 못하는바, 그 속사정은 비록 용서해 줄 수가 있지만 문헌의 지방이라는 칭호에 부끄러움이 크다.[213]

본관이 다른 동성의 경우라면 혼인이 가능했다. 그런데 정경세가 목도한 강릉의 풍속은 동성동본의 혼인이 빈번했다. 정경세는 풍속을 해치는 것으로 이보다 더 큰 잘못이 없다고 비판하고, 이러한 일이 반복된다면 더 이상 사족士族의 이름을 입에 올리지 못하도록 하겠다고 경고했다. 강릉의 풍속은 상가喪家에서 떠들고 마시는 일이 예사였다. 상갓집에서 향회를 개최할 정도였다. 정경세는 애도가 없는 풍속을 비판하고, 슬픔과 공경의 의례를 가르쳤다.

> 고을의 풍속에 상가집에서 여러 손님이 둘러앉아 차례대로 술잔을 주고받으며 그 자리에서 향회鄕會를 한다는데, 풍문을 다 믿을 수는 없지만 만에 하나라도 이런 일이 있다면 이는 몹시 해괴한 풍속이다. 무릇 상喪은 슬픔을 위주로 하고, 제사는 공경을 위주로 하는 법이다.[214]

17세기 초 강릉에 부임했던 정경세는 강릉의 풍속을 교정하여 더 나은 향촌 사회로 변모시키고자 했다. 재지 사족들이 위기지학의 주체가 되어 공공을 위한 실천에 앞장서야 했다. 이른바 도학의 실천은 사익을 넘어 공동선의 중요성을 깨우치고 실천하는 일에 다름 아니었다. 정경세가 주관했던 항교의 한 시험장에서 어떤 유생이 이익의 추구와 일의 성패야말로 가장 중요하다는 식의 답안을 제출한 적이 있었다. 이때 정경세는 군자는 오직 의리만을 생각할 뿐 일의 유불리를 따져서는 안 된다고 충고했다.[215]

이익의 관점보다는 의리에 충실하려 했던 정경세에게, 지방관의 역할이란 단순한 행정 수장에 그치지 않았다. 그가 바란 선정의 목표는 도학[성리학]의 가르침대로 인간의 본성을 회복하여 천리에 부합한 사회를 만드는 일이었다. 강릉의 재지 사족을 포함한 많은 수의 백성이 강릉이라는 공동체를 지속시키는 공공의 활동에 참여할 수 있어야 했다. 강릉의 향교와 약국 그리고 향소야말로 공적 활동을 위한 중요한 실천 장이었다.

1603년 설립된 강릉 의국과 그 운영을 위한 약계는 사실상 강릉 지역의 약재를 공납하는 일종의 부역제도의 한 부분이었지만, 다양한 약재와 의서를 구비하고 약물을 제조하여 지역민들을 위한 의료 혜택을 확대할 수 있는 중요한 토대이기도 했다. 강릉 약국이 지속되려면, 투명하게 재정을 관리하고 좋은 품질의 약물을 제조할 수 있으며 의서를 독해하고 처방전을 내어줄 수 있는 지식인 즉 재지 사족들의 적극적인 참여가 필수적이었다.

강릉의 약계에는 대표적인 재지 사족인 강릉김씨, 강릉최씨, 강릉함씨, 삼척심씨 등이 구성원으로 참여하고 있었다. 의관醫官 최기

진崔奇鎭이나 약계의 계장 심장원이 그러했다. 이들은 계원을 위한 혜택을 넘어 기꺼이 '향당을 위한 공공 실천'에 앞장서고자 선의를 발휘했던 것이다. 지역 사회의 안정적인 지속은 사익의 추구를 넘어 공동선을 실천하려는 의지의 결과들이 축적될 때 비로소 가능했다. 그러나 조선 후기에 이르면서 점차 강릉 약국은 이전의 역할을 수행하지 못했던 것으로 보인다. 약재 납입을 둘러싼 공물貢物 수취 제도의 변화와 맞물려 약국의 운영에 참여하는 자들의 이익과 공익 사이의 균열이 발생하고, 약국의 영리 행위와 공국으로서의 공공성 사이의 균형도 무너졌던 것으로 보인다. 이는 다음에 살펴볼 상주 의국 존애원이 18세기 후반 재지 사족들을 둘러싼 신新·구舊 간의 향전鄕戰 속에서 해체되었던 이유와 무관하지 않았다. 당시 정조는 '공공을 위한 화합'을 강조하면서 대계大契를 향한 의리를 당부했다. 하지만 의국은 더 이상 유지되지 않았다. 더 나은 '사회의 재구성'과 같은 공동선을 향한 의지는 사익의 욕망 앞에서 그 허약함을 드러내고 말았다.

**그림 9**
강릉 약국 약계 입의, 국사편찬위원회 소장

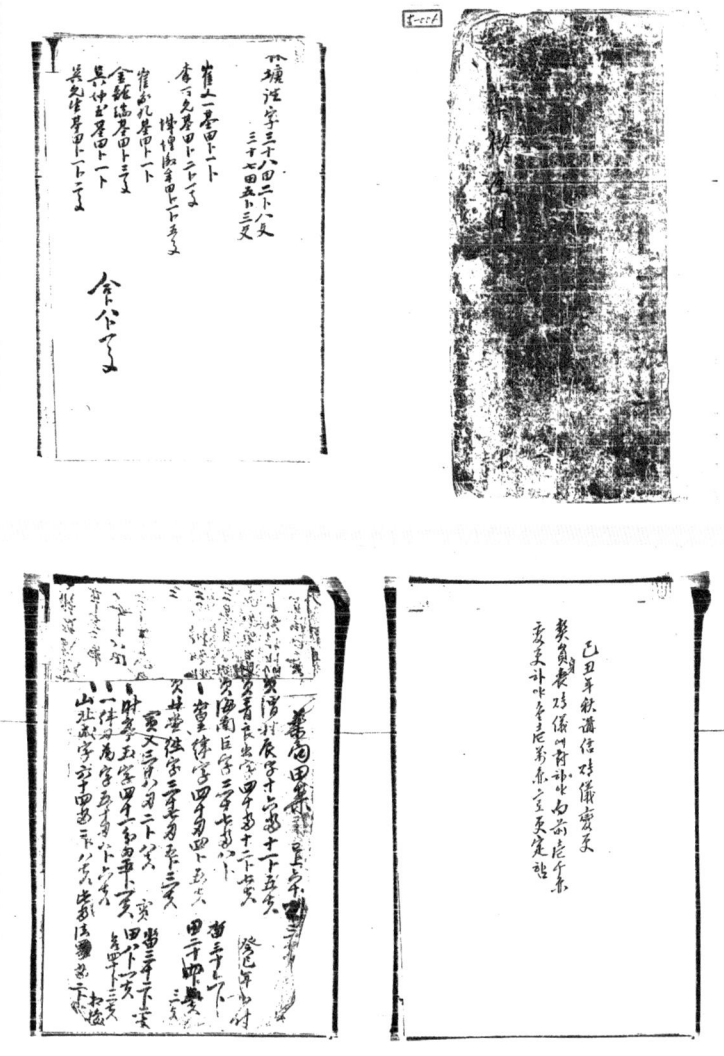

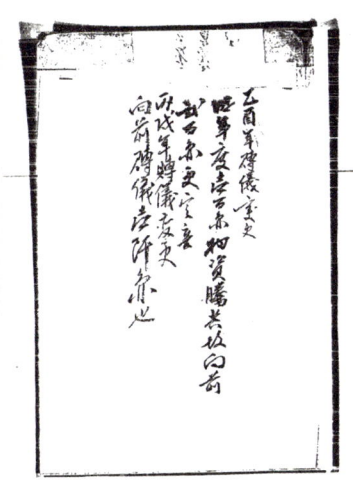

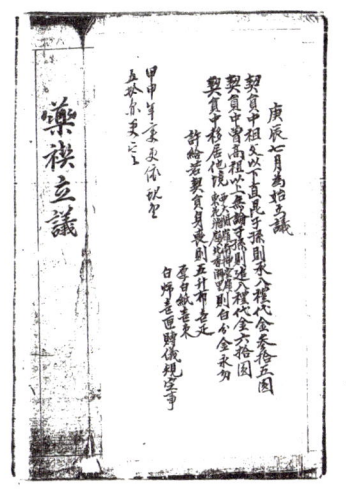
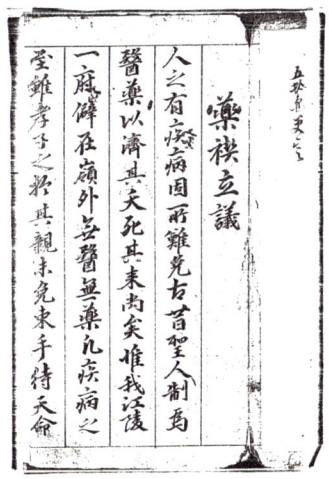

강릉 약국 약계 입의, 국사편찬위원회 소장

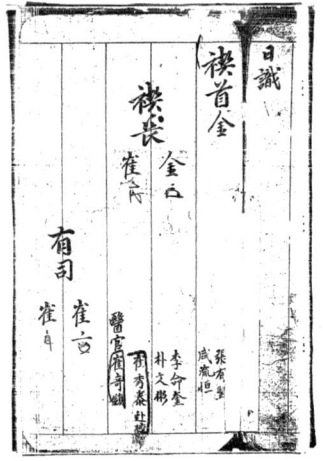 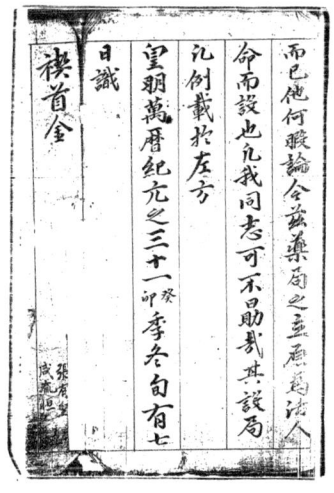

# 6

## 상주 의국
### 존애원 存愛院

## '공국公局' 존애원

1602년 상주 존애원 의국 설립에 동참했던 창석 이준李俊(1560~1635)은 『상산지』(1617년)를 편찬하면서, 존애원을 '공국', 즉 공공의 의료 기관으로 명시했다. 상주의 재지 사족들은 존애원의 정체성을 '공공성'에 찾고 있었다.[216] 그럼에도 기왕의 상당수 연구들은 존애원을 '조선 최초의 사립 의료 기관'으로 규정하고 그 역사적 의미를 강조해 왔다.[217] 과연 존애원은 사설 시설이었는가, 아니면 이준을 포함해 상주의 사족들이 생각했듯이 공공의 의국으로 규정해야 하는가? 결론부터 말하자면, 상주 사족들은 존애원 건립 초부터 의국을 지역민을 위한 공공의 장소로 정의하고, 의료 혜택을 확산하기 위한 실천장으로 간주했다.

공국으로의 존애원의 정체성은 18세기 후반 증수된 『상산지』를 보면 더욱 확연하다. 17세기 초 상주 사족들의 기금으로 설립된 존애원은 중간에 운용상의 어려움을 겪고 존폐를 거듭하게 되었다. 결국 18세기에 관이 개입하여 토지를 지급하고 세금을 면제하는 조치를 통해 운영을 정상화할 수 있었다. 존애원은 '관국官局'으로 표기되었다. 물론 이때에도 상주 사족들은 여전히 존애원의 관리를 맡아 자율적으로 의국을 운영하고 있었다.[218] 사족들의 기금을

**그림 10**
존애원

모아 건설하거나 중도에 관의 지원을 받아 운영하거나 관계없이 상주 사람들에게 존애원의 정체성은 언제나 공공을 위한 의국[公局]이었다.[219]

임란 이후 피폐해진 지역 사회의 복구를 바랐던 상주 사족들이 존애원을 설립하고 운영을 주도했다고 해서 이를 공국이 아닌 사국私局으로만 규정할 수 없는 이유이다. 국가나 관이 아닌 민간의 주도라는 의미에서 사립 혹은 사설로 정의할 수도 있지만, 사실상 존애원을 비롯한 조선의 지방 의국에 상당한 국가 예산이 투입되었을 뿐 아니라, 의국의 영리 활동이 사실이었다 해도 오직 이익을 목표로 설립된 사립 시설과는 그 목표가 전연 달랐기 때문이다. 요컨대 존애원은 재지 사족의 주도로 설립되었지만, 기본적으로 지역민을 위한 의료 '공공을 위한 실천의 장'이었다는 의미에서 단연코 공국이었다. 이는 16세기 이래 『소학』을 위시하여 위기지학의 확산을 통해 '향촌(사회)을 재구축'하려던 도학 실천의 흐름과 깊이 연관되어 있었다.

조선 초 이래 상주는 경상도의 주요 고을이었고 당연히 정부는 지방 의국을 설치할 계획을 가지고 있었다. 다만 여러 가지 사정이 여의치 않은 데다 임란 이후 향촌의 자발적 운영이 절실한 상황에서 상주 사족들이 먼저 존애원 설립에 앞장섰던 것으로 보인다.[220] 조금 길지만 「존애원기」를 작성한 창석 이준李俊(1560~1635)의 논설을 통해 의국 설립 배경을 살펴보기로 하자.

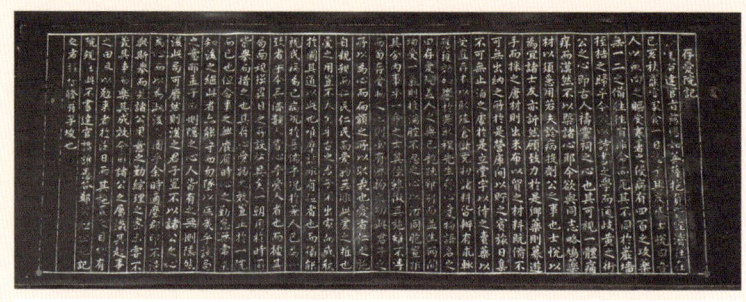

**그림 11**
「존애원기」(위) / 「존애원기」(아래), 한국고전번역원 한국고전종합DB

① 우리 향당에 달관한 분[정경세]이 있으니 자비함은 보살과 같고, 포부는 경국제세經國濟世의 큰 뜻이 있었다. 만력 기해년(1599년) 가을에 관에서 사임하고 향리에 있었다.

하루는 그 친구 성람과 의논하기를, "우리는 혈육을 지닌 몸으로 한서의 침해를 받아 4백 가지나 되는 병이 침공해 오는 데도 약은 한두 가지도 갖추지 못해 왕왕 비명에 죽으니, 그것이 바위 담장 아래서 질곡에 죽어 가는 것과 같지 않은가? 지금 공은 시서와 학문에다 의학에 달통했다. 공의 마음인즉, 옛사람이 신령스러운 사당에 중생의 안녕을 기원하던 마음과 같으니, 한 몸의 아픔과 가려움을 보고만 있어 막연히 저 마음을 쓰지 않으랴. 이제 동지들과 대략 약재를 모아 급할 때 쓰고자 하니 진료하고 투약하는 일은 공의 일이다."라고 하니, 성람이 마땅하다고 동의했고, 여러 사우 또한 흔연히 참여를 원하여 협력했다. 향약재는 역이 없이 노는 자들游手을 모아 채취하고 당재唐材는 쌀과 베를 내어 무역하여 재료가 구비되었는데 이를 출납할 장소가 없을 수 없어 창고를 지어 저장하고, 손님이 날로 모여 숙박할 곳이 없을 수 없어 당우를 세워 접대했다. 약을 팔아 본전으로 삼고 나머지는 늘려 모든 비용과 재료 구입에 충당하면서 누구든지 약을 구하는 자는 얻을 수 있게 했으니 효과가 순식간에 파급되었다. 정선생程先生의 '존심애물存心愛勿(본심을 지켜 기르고 남을 사랑함)'이란 말을 취하여 '존애원'이라고 이름 지었다.

② 남과 내가 가깝고 멀고는 비록 다르나, 한 가지로 천지간에 태어나 하나의 기운을 고르게 받으니, 차마 마음속에 가득 차지 못하는 마음을 미루어 동포를 구활함이 어찌 사람의 본분을 다함이 아니겠는가. 한 사람의 선비가 그 자리는 비록 미미하고 비록 그 베풂이 크지 않다고 해도 실로 사랑하여 소중히 아끼는 마음(愛物)을 지닌즉 반드시 가난과 어려움을 구제(濟物)하는 일을 할 터니, 이것이 군자의 마음이요 편액에 이를 취한 까닭이다. 사랑(愛)이란 인(仁)의 베풂이다. 어버이를 공경하는 마음으로 백성을 어진 마음으로 사랑(仁愛)하고, 어진 마음으로 백성을 사랑하듯 만물을 사랑하는 것이 다 이 사랑의 베풂이 아닌 것이 없으니, 어찌 사랑의 쓰임이 크지 않겠는가?

③ 옛날의 군자는 집을 나오지 않고서도 나라에 교화를 이루었다고 하니, 그 도리는 이 때문이었다. 유마힐은 품위(品位)가 있는 자가 아님에도 능히 백성의 병을 보기를 자

신의 병을 보듯 하였으니, 하물며 우리 유자儒者이며 또

나와 남이 한가지라 여기는 자임에랴. 존심애물의 효과

가 어찌 여기에서 그치겠는가.²²¹


이준의 존애원 기문은 크게 세 부분으로 구성되어 있다. 첫 부분 (①)에서, 그는 존심애물의 마음으로 의국을 건립하는데 뜻을 같이 했던 상주 사족들의 공공의 실천을 강조했다. 1598년(선조 31) 정경세는 정인홍의 공격을 받고 사직 후에 상주에 머물고 있었다. 관직을 버리고 귀향한 정경세의 주도하에 상주의 재지 사족 김각金覺 (1536~1610), 성람成灠(1556~1620), 이전李㙉(1558~1648), 이준李埈 (1560~1636), 강응철姜應哲(1562~1635), 김광두金光斗(1562~1608) 등이 의기투합하여 존애원 의국을 창설했다.²²² 현재 존애원의 설립 시기를 두고 기록마다 약간의 차이는 있지만, 이준에 의하면, 1599년 의국 설립의 의지를 모아 약재 창고를 만들고 건물을 확장하는 등 3년의 기간이 소요되었고, 드디어 1602년 존애원의 낙성이 이루어졌다고 밝히고 있다.²²³

「기문」①의 내용을 살펴보면, 존애원은 계원들의 갹출로 자본금을 마련한 후 약재를 무역하거나 약물을 매매하여 남은 이익으로 유지하면서 의료 혜택을 지역민들과 함께 나누었다. "누구든지 약을

구하는 자에게 약재를 공급함"으로써 존애원은 사국이 아닌 공국의 역할을 자임했다. 이준은 당시 단양군수로 재직 중이라 존애원 운영에 직접 참여하지 못했다. 그는 아쉬워하면서도 상주 낙사계 계원들이 정경세의 주도하에 의국을 건립한 사실을 크게 칭송했다. 이들은 유마힐의 마음을 가진 진정한 군자들이었다. 비록 나와 타인의 관계가 가깝고 먼 차이가 있지만, 존애의 뜻에 맞게 서로 구활하는 일이야말로 인간다움의 본분이었다. 한 명의 사족은 미미하여

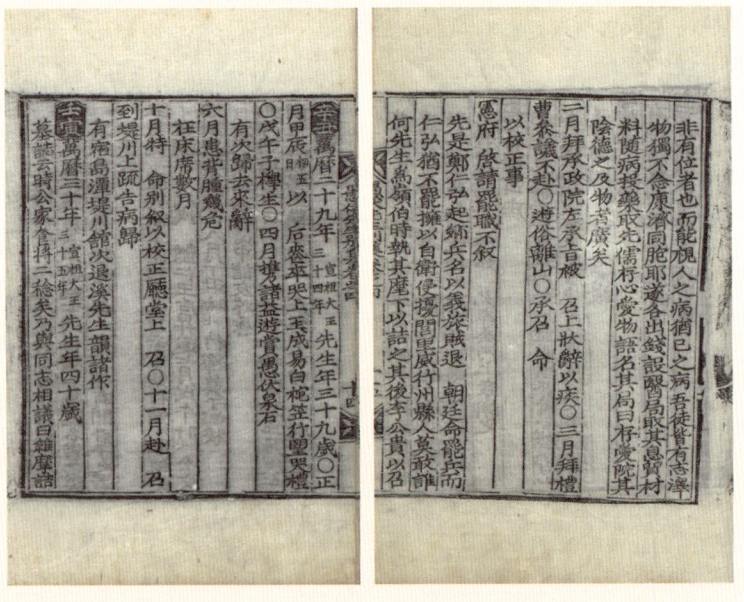

**그림 12**
정경세의 연보에 실린 존애원 설립 관련 내용, 한국국학진흥원 소장, 동래정씨 석문공파종택 기탁

베풂이 크지 않지만 사랑의 마음[愛物]을 확충한다면, 반드시 어려움을 구제[濟物]할 수 있으니 진실한 군자의 마음을 여기서 볼 수 있었다. 이처럼 존애원은 조선 정부가 그토록 확산하려 했던 환난상휼의 토대[사회적 자본]였다. 가족애[親親]를 공동체의 연대[尊尊]로 확장하여 공적 실천의 기초를 마련하는 일이야말로 도학자들의 희망이자 교화의 최종 목표였다. 그럴진대 존애원이야말로 사적인 이익을 도모하는 계를 넘어 공공의 존애로 확장된 살아있는 증거였다.

「기문」의 마지막(③)에서, 이준은 향촌 사족의 역할이 미미하고 그 지위가 재경 관료들에 비해 보잘것없다고 하지 말고, 이른바 군자의 측은지심을 지향한다면 그것으로 충분히 공공의 실천에 기여할 수 있다고 강조했다. 임진왜란 전후로 피폐해진 상주에서, 관직[품계] 없이 사랑을 실천했던 유마힐의 덕행을 따르는 일이야말로 재지 사족들의 존재 의의였다.[224]

그렇다면, 상주 낙사계원들의 적극적인 공공 실천은 어떻게 가능했을까? 이는 상주 사족들의 『청금록靑衿錄』에서 힌트를 얻을 수 있다. 주지하듯이 향안鄕案은 지방 사족들의 결속 과정은 물론이거니와 이들의 역할을 둘러싼 '공동의 의지'를 확인할 수 있는 중요한 자료이다. 현존하는 『상산향언록商山鄕彥錄』에는 흥미로운 서문이 몇 편 수록되어 있다. 1551년 주세붕周世鵬(1495~1554)의 서문과 1617

년 중수 과정에서 이준과 정경세가 새로 쓴 서문이 그것이다. 이들 향안의 서문을 통해 존애원 건립을 전후한 시기에 상주 사족들의 정체성과 공공 실천의 의지를 확인할 수 있다.

16세기 중엽 경재소를 중심으로 재경 관료들의 모임이 활발해지면서, 이들의 자부심은 출신 지역의 오랜 문화적 전통을 자랑하고 지역의 유명 인사를 칭송하는 일로 이어졌다. 이는 당시 지방의 향안 작성과 함께 '지방 지식인[재지 사족]들의 정체성' 형성에 상당한 영향을 미쳤다. 1551년, 56세의 주세붕은「상주유향좌목서尙州留鄕座目序」, 즉 상주 사족들의 향안 서문을 집필했다. 이보다 10년 전인 1541년(중종 36) 풍기에 재직했던 주세붕은 백운동서원(후일 소수서원)을 건립하고 이른바 위기지학의 공간을 마련한 적이 있었다.[225] 그는 지방의 '교화'와 이로 인한 사족들의 변화를 중시했다. 주세붕이 풍기에 부임하자 곧바로 시행한 사업 역시 풍기향교의 재건이었다. 풍기 진사 황빈黃彬은 사비를 내어 사업비를 지원했고, 이건移建 공사의 감독은 풍기 사족 진준秦俊이 담당했다. 마지막에 부족한 비용은 경상도 관찰사로 부임했던 임백령林百齡(?~1546)의 도움으로 마무리할 수 있었다.[226]

이처럼 지방관 주세붕은 '교화'의 터전인 학교와 위기지학의 실천을 강조했다. 풍기 향교의 이건을 마치자 주세붕은 곧바로 서원 건립에 나섰다. 많은 이들은 향교를 재건하지 얼마 지나지 않아 굳이 새로운 학교[서원]를 지을 이유가 없다고 반대했지만, 그럼에도 주세붕은 도학[주자학]을 조선에 뿌리내리기 위해서 새로운 교육 공간과 학습 프로그램이 필요하다고 서원 신설新設을 주장했다.[227]

풍기군수 주세붕의 교화는 부임 초부터 강조했던 '향촌 내 인륜의 부식扶植'과 깊이 관련되어 있었다.[228] 한 마디로 위기지학의 실천을 통한 '향촌[사회]의 변신'이었다.[229] 도학을 공부할 수 있는 백운동서원이 완성되자, 주세붕은 학전學田을 마련하여 서원의 운영비 용도로 제공했다. 주세붕은 자신을 뒤이어 부임하는 풍기의 지방관들은 이러한 교화 의지를 본받고, 지역의 사족들은 황빈의 의로움을 이어받아 오래도록 도학의 장으로 활용될 수 있기를 기원했다.[230] '관'의 상징인 군수 주세붕과 '민'을 대표하는 사족 황빈이 함께 힘을 모아 '교화를 위한 공공의 장'을 마련했던 것으로, 이는 재지 사족들에게 위기지학[도학]에 힘쓰고 향촌 사회를 위한 실천에 앞장서도록 요구한 것에 다름아니었다.[231]

그동안의 조선 사상사 연구에서 주세붕은 크게 주목받지 못했다. 조선 성리학의 계보 내에 중요한 위치를 차지하지 못했을뿐더러, 학문적으로 제대로 된 평가마저 부족했다. 그도 그럴 것이, 평생을 관료로 활동했던 그의 이력 때문이다. 그러나 주세붕을 비롯해 16

세기 이후 도학의 확산과 교화의 토대를 만들었던 지방관들의 역할은 절대 과소평가되어서는 안 된다.[232] 주세붕의 향촌 교화 의지는 선배 관료이자 사림파 학자였던 김안국金安國(1478~1543)의 사업과 무관하지 않았다. 앞에서 설명한 대로 모재 김안국은 경상도 관찰사 재직시 교화를 위한 실질적인 대책을 마련했는데, 가령 의성 향교를 방문했을 때는 곡식[粟]을 마련하여 향유鄕儒들의 학자금으로 사용토록 했다. 당시 향교의 살림을 맡아 운영했던 이는 의성 사족 신원록申元祿(1516~1576)이었다.[233] 그는 후일 주세붕에게 향교의 학자금 지원을 요청하기도 한 인물이다. 주세붕은 김안국의 전례를 본받아 의성 향교와 서원을 지원하고 학전學田을 마련하여 도학 공부와 실천의 밑천으로 삼도록 했다. 교화를 통한 '향촌(사회)의 재구축'은 지방관이나 재지 사족 모두의 의지와 협동이 필요했다. 김안국 그리고 주세붕으로 이어지는 관료들의 향촌 교화 노력과 이에 동참했던 재지 사족들의 실천으로 16세기 중엽 이후 조선의 향촌 사회는 새롭게 탈바꿈할 준비를 하고 있었다.

1551년, 상주 향안 「서문」에서, 주세붕은 상주 사족들을 향해 '새로운 향촌(사회)의 변화를 이끄는 주체'로 거듭나기를 당부했다. 주세붕은 상주를 본관으로 하거나 혹 상주에서 태어난, 상주와 관련 있는 재경 관료들이 1551년(명종 6) 서울의 소격동에서 '모임[향회]'

을 가졌다면서 「서문」을 쓰게 된 사정을 언급했다. 상주와 관련된 관료들이 모두 모여 회합했는데, 그 참석자의 면모가 대단했다. 예조판서였던 호음 정사룡鄭士龍(1491~1570)은 공무로 참석하지 못했지만, 상락군 김귀영金貴榮(1520~1593)과 금원군 정응두丁應斗(1508~1572)를 비롯하여, 좌승지 정유길鄭惟吉(1511~1588), 사인 우상禹鏛(1507~1560), 김홍金泓, 서윤 황이黃怡, 좌랑 강사안姜士安, 좌랑 박유경朴裕慶 등이 한자리에 모였다. 이른바 상주 출신의 그리고 상주를 본관으로 하는 당대의 명사들은 거의 다 모인 것이다. 주세붕 역시 상주를 본관으로 하는 가문의 일원이었다. 경재소 모임 끝에 '상주' 관련 명사들의 명단을 확대하여, 상주 지역 인사들의 향안을 작성해 보자는 논의가 제출되었다. 그리고 그 자리에 있던 상락군 김귀영이 주세붕에게 상주 향안의 「서문」을 부탁했던 것이다.

주세붕은 자신의 본향이 상주임을 자랑스럽게 언급한 후, 신라의 석우로가 사벌국을 정복한 이래 상주는 넓은 땅과 인구수로 조선 최고이며 물산 또한 조선에서 가장 풍부한 곳이라고 칭송했다. 땅이 넓고 백성이 많아 전국에서 으뜸인데, 풍속은 소박하고 순후하다는 평판이 이어진다는 것이다. 상주에 대한 칭찬으로 시작한 「서문」은, 이내 상주 지역의 저명인사가 오직 최씨 부인 한 사람뿐이라 이내 아쉽다는 토로로 이어졌다. 주세붕의 논조는, 상주에 많은 인물이 있었지만 기록이 누락되거나 소략해서 잘 알려지지 않아 최씨 부인만 알려졌으니 안타깝다는 것이었지만, 다른 한편으로는 재경 관료들 이외에 정작 향촌[상주]에는 내로라할 만한 인물이 별로 없다는 인상을 주었다. 주세붕의 본의는 짐짓 상주의 유명 인사가 왜 없는지 모르겠다고 강조하면서, 향촌 사회의 변화를 위한 재지 사족의 실천을 촉구한 것인지도 모른다.

주세붕에게 진정한 학문이란 과거 공부가 아니라, 위기지학의 실천이었다. 그는 '진정한 군자'라면 효제를 근본으로 하나의 고을을 교화하고, 고을의 변화를 통해 사해로 통하고, 사해를 넘어 고금에 달하는데 이러한 실천의 시작이 모두 '향촌[鄕黨]'이라고 강조했다. 특히 향중의 중인中人 이하라면, 교화를 통해 성현이 될 수 있었다. 주세붕은 양인良人 이상의 사람이 모두 도학을 실천하여 향촌의 변화를 도모해야 한다고 강조했다. 재지 사족은 향중에서 자라 군자로 거듭나야 하는데, 관료로 출세하면 대도회의 경재소에서 모이고 지방에서는 향소에 모였다. 향소의 명단이 바로 향안이었다. 주세붕은 상주의 사족들을 도학에 기초한 공공의 실천으로 이끌기 위해 의례히 격려의 내용을 담은 「서문」을 작성했다. 상주 출신의 훌륭한 인물들은 서울(경재소)에 모여 있으므로, 상주 향소의 사족들은 조금 더 분발하라는 취지였다.[234]

## 상주 사족의 공공 실천

'향촌(사회)의 재구축'은 지방에 더욱 많은 진유眞儒와 군자들이 양성되고, 공동선의 토대가 마련되어야 비로소 완성되었다. 1551년 주세붕은 향안에 그러한 뜻을 담아 상주의 사족들을 분발시켰다. 그런데 이후 수십 년이 지난 1617년 상주 향안이 중수되자, 흥미로운 글이 수록되었다. 주세붕의 「서문」을 강하게 비판하는 글이었으니, 재지 사족 창석 이준의 문장이었다. 이준은 주세붕의 주장이야말로 상주의 실질과 부합하지 않으며 고증도 믿기 어렵다고 반박했다. 상주가 고을 규모에 비해 드러난 인재가 적다고 한 주세붕의 주장은 사실이 아니라는 것이다. 이준은 이미 상주에 훌륭한 명사들이 적지 않은데, 주세붕이 이를 모른 채 「서문」을 작성했다고 비판했다.[235]

주세붕이 강조한 진유와 군자의 정체성이 '위기지학의 공부와 실천'이라면 상주에 그러한 인사들이 충분하다는 주장이었다. 중앙 관료로 출세하는 것만이 공공의 업무를 수행하는 길이 아니라 지역에 남아 지역의 향소나 의국[존애원]에서 활동하는 일 역시 '공공을 위한 실천'이라면, 상주의 낙사계원을 비롯한 재지 사족들은 진유의 이름에 걸맞았다. 요컨대, 중앙의 관료로 출세하는 일이나 존심애물을 실천하는 재지사족의 실천이나 공공의 차원에서 다를 바 없다는 논리였다. 이준은 스스로 시골 사람[鄕人]의 생각일 뿐이라고 낮추면서도, 중앙의 입장에서 재지 사족을 얕잡아 보거나 도학의 차원에서 상주의 실천을 제대로 파악하지 못한 주세붕의 주장을 살짝 비꼬았다.

이준의 주장 이면에는, 소학의 실천이나 향약[鄕約]의 시행 등 '향촌(사회)의 변화'를 주도했던 국가의 교화 정책에 수동적으로 끌려가기보다 자율적으로 '공공의 실천'을 주도했던 재지 사족들의 인식 변화가 깔려 있었다. 사실 향약을 시행하거나 서원과 의국 운영에 참여하는 일을 두고, 단순히 '국립' 대 '사립'이나 '국가 주도' 대 '사족(민간) 주도'와 같은 이분법으로 단정할 수 없다.

16세기 이래 조선 정부의 성리학[道學] 확산 정책은 민·관을 막론하고 위기지학의 실천을 중심으로 '향당의 공공화'라는 거대한 목표를 향해 함께 나아가고 있었다. 임진왜란 이후 붕괴된 향촌의 재구축이라는 과제는 국가와 민간을 가리지 않고 모두에게 시급한 사안이었다. 1602년 상주 의국 존애원의 건립은 재지 사족들이 앞장서 향촌(사회)의 회복을 위한 '공공의 실천'을 이루어낸 일이었다. 중앙의 공무에 참여하지 않지만 향촌(사회)의 재구축이라는 중요한 사업에 적극적으로 참여함으로써, 향인들은 '진정한 학자[眞儒/군자]'로 거듭나고 있었다. 이를 국가나 관의 하수인이 되었다거나 지방의 헤게모니를 장악하려는 사족들의 방편이었다고 폄하할 이유는 없다. 중앙의 관료로 치국의 임무를 다하는 대신에 향촌에 남아 위기지학의 도리를 실천하겠다는 재지 사족을 포함한 지역민들의 의지는 점점 더 커지고 있었다.

공공 실천에 앞장섰던 상주 사족의 역사를 강조했던 이준의 주장은, 증수 향안에 덧붙인 정경세의 글에서도 그대로 반복되었다. 정경세는 '재지 사족의 자율성'을 강조했다. 재지 사족의 존재 정당성은 곤란에 빠진 공동체를 구하는 환난상휼의 실천으로 가능했다. 정경세는 임진왜란으로 불타버린 상주 향안의 복구가 시급했는데, 1617년 많은 사족들의 노력으로 빠르게 완료되었다고 기뻐하고, 재지 사족들에게 '선사善士'의 중요성을 다시 한번 강조했다.

> ① 고을에 향안이 있는 이유는 무엇인가? 세족世族을 구별하기 위해서다. 세족을 구별하는 것은 어디에 쓰려는 것인가? 장차 그로 하여금 고을의 기강을 세워 백성들의 풍속을 바로잡기 위해서다. (중략) 영남은 고을이 60여 개 정도인데 고을마다 향안이 있다. 그중에서도 유독 안동과 상주가 가장 성대하면서도 그 선발에 끼기가 아주 어렵다. 어찌하여 성대한데 끼기는 어려운가? 이는 세족이 아주 많기 때문이다.

② 내가 어려서 부형들의 뒤를 따라 향소[鄕堂]에 나아갔는데, 벽장의 함에 보관되어 있는 이른바 향안을 꺼내어 공경스레 펼쳐 보니, 마치 바다에 들어가서 용을 보는 것 같아 그 풍부함이 이루 헤아릴 수가 없었다. 국초 이래의 명공과 거경[巨卿]들의 이름이 그 가운데 여기저기 눈에 띄었다. 무릇 조정에서 벼슬한 사람은 이미 능히 거룩한 임금을 좌우에서 보좌하여 안팎에서 정사를 펼 수가 있었으며, 벼슬길에 나아가지 않고 시골에서 지낸 분들도 오히려 한 고을에 기강을 세워서 백성들의 풍속을 바르게 하기에 충분했다. 그러하니 나라가 태평스러워지지 않으려고 해도 태평스러워지지 않을 수 있겠는가? 이 때문에 영남 지방이 나라의 근본이 되었던 것이며, 나라에서 인재를 취함에 있어서 항상 이곳에서 취했던 것이다.

③ 향안이 전해지는 것이 지금부터 시작하여 장차 국가의 억만년토록 무궁할 왕업과 더불어 그 유구함을 함께한다면 어찌 위대하지 않겠는가. 또한 덕을 자신의 몸에 닦아 집안과 나라에서 행하며, 국가의 기둥이 되어 부모의 고향에서 영광이 있게 된다면, 비단 한 고을의 선사[善士]가

되는 데에 그치지 않을 것이다. 이 또한 이 향안에 이름이 기록되는 자들이 다 함께 힘써야 할 바이다.[236]

정경세는 ①상주 사족의 명단에 이름을 올리기가 얼마나 어려운지를 강조했다. 주세붕의 오해와 달리, 이미 상주는 너무도 훌륭한 세족과 인재들이 넘쳐나는 곳이었다. 다음 ②왜 영남이 국가의 근본이며, 왜 상주가 영남의 핵심인지를 언급했다. 관로에 나가지 않더라도 지역에서 공공의 실천을 다 하는 사족들로 인해 지역의 풍속이 순후해졌기 때문이다. 마지막으로 ③군자는 관료가 되어 국가의 공무를 수행하여 나라의 동량이 되고, 지방에서 덕을 닦아 공공의 실천에 앞장서면, 단지 한 고을의 선사善士에 그치지 않았다. 재지 사족의 '향당을 위한 공공 실천'은 지역을 넘어 전국과 사해四海로 그 선한 영향력을 확장시킬 수 있었다. 상주의 사족들은 존애원 설립 이전부터 지역공동체의 안녕을 위해 노력해 왔고, 의국의 운영은 그러한 전통 위에서 가능한 일이었다.

1617년 이준과 정경세가 주세붕의 서문을 비판할 수 있었던 배경으로 상주 의국 존애원의 설립과 오래된 낙사계洛社契의 공공 실천이 중요하게 작용했다.[237] 이미 병인년(1566, 명종 21)과 무인년(1578, 선조 11) 두 차례에 걸쳐 상주의 낙사계 모임을 주도했던 정경세는 1599년 낙사계를 정비하여 임란으로 예양禮讓의 풍속이 사라졌던 상주를 일신日新하고자 했다. 정경세는 '낙/사', 즉 '상주/사회'의 구축을 위한 모임[계]의 결성 배경에 대해, 이른바 사대부는 백성과 함께 거주하면서 100가家를 하나의 '사회[社]'로 구성하는데, 그 목적은 맹자가 강조했던 향당의 구성원끼리 서로 돕고 질병이 있을 때 서로 부축함으로써 공동체의 화목을 추구하는 데 있다고 밝혔다. '사회[社]의 재구성'이 함께 잘살자는 것이라면 전쟁이나 기근 등으로 공동체가 어려움에 빠졌을 때, 상호부조에 나서는 것은 너무도 당연했다.[238] '낙사', 상주공동체의 존립을 위한 환난상휼의 다짐은 후일 존애원의 실천으로 자연스럽게 이어졌다. 1566년(병인) 낙사계 멤버였던 우곡 송량宋亮(1534~1618)을 비롯해 김각金覺(1536~1610), 윤진尹珒(?~1612) 등이 제정한 낙사계 약조約條야말로 존심애물의 출발점이었다.[239]

> 생각건대, 동방은 기자箕子가 봉해진 이래 예악문물이 중화를 본받았으니 조선에 이르러서는 거의 문명교화가 회복되어 삼대의 융성함에 가까워졌다. 향당과 주려州閭에 학교가 없는 곳이 없으니 백성들이 행할 바를 알아 서로 덕으로 권하며 행동을 삼가 선왕先王의 예악을 밝힐 수 있었다.

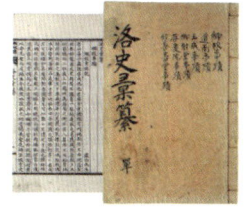

그림 13
상주박물관에서 펴낸 『낙사휘찬』, 민속원, 2015

다만 성인聖人의 시대가 멀어지고 교화가 해이해지고 운수가 쇠퇴하자 사습士習이 오직 명예와 이익만을 좇으니 어찌 한심하지 않은가. 우리 동지들이 낙사계를 세워 조약을 만들었으니, 성왕의 교화를 북돋우려는 내용이 아닌 것이 없었다. 바라건대, 고금의 풍속은 다르다며 지레 퇴폐하고 타락하지 말라. 서로 잘못된 풍습을 구제하고 변화시킨다면 조금이나마 풍속 교화에 보탬이 될 것이다.[240]

낙사계의 설립 취지는 명예와 이익만을 좇는 당시의 풍속을 교정하고, '함께 더불어 사는' 성인의 정치가 상주에서 구현되기를 바라는 것이었다. 구체적인 11개 항목은 각각 주자 향약에 근거한 덕업상권과 과실상규, 그리고 성애상접誠愛相接 및 환난상구患難相救, 유경상하有慶相賀 등의 공동체의 존립을 위한 상호부조의 내용으로 이루어졌다. 가령 환난상휼의 조목에는 이웃이 질병에 걸렸다면 계원들끼리 약을 부조하고 힘껏 구제해야 한다고 명시했다.[241]

존애원의 실천에 참여했던 상주 사족들의 면모는 이미 유마힐의 공공심을 발휘할 만한 도학자이자 위기지학의 실천자들이었다. 먼저 석천 김각은 임진왜란 당시 의병을 일으킨 상주 최초의 의병장이었다. 후일 왜적이 용궁龍宮縣을 유린하자, 정부는 김각에게 용궁현감을 맡겨 축성과 둔전 경영에 힘쓰도록 했다. 이후에 그는 변방의 지방관으로 부임하여 백성을 보호하는데 앞장섰다.[242] 한 마디로 무실務實의 학자였다.[243] 김각이 귀향 후 1606년 상주에서 그의 생일잔치가 열렸다. 김각의 자식들과 제자였던 창석 이준은 축시를 모아 책자를 만들고, 수년이 지난 1609년 정경세에게 서문을 부탁했다. 정경세는 칠십의 노령에도 불구하고 꼿꼿한 김각을 칭송하고 진정한 효에 대해 길게 논했다. 그가 말한 진정한 효란, 관복을 입고 종묘에 이름을 새기는 것[관료]이 아니었다. 정경세는 효자는 향촌에서 '군자의 아들'이라는 칭송을 얻어 아버지를 영광스럽게 하는 일이라고 강조했다. 정경세는 관직에 나가야만 입신양명이 아니요,

향촌에서 군자의 명예를 얻을 수 있어야 가능하다고 주장했다.[244] 정경세가 상주 그리고 강릉의 재지 사족들에게 당부한 바, 역시 지역을 위한 공공 실천에 힘써 향당의 명예를 얻는 일이었다. 16세기 이래 조선의 사족들에게 점점 더 '향당의 명예'가 중요해졌다. 강릉의 약국을 비롯하여 존애원, 그리고 제민루에서 공익을 위한 실천에 동참한다면, '명예'로운 일에 틀림없었다.

무인년(1578) 낙사계 멤버이자 존애원 설립에 참여했던 윤진尹璡은 정경세의 부친에게 나아가 수학하면서 정경세와도 막역했다. 정경세는 자신보다 선배였던 윤진이 나이를 잊은 채 자신과 교류했다고 술회한 바 있다.[245] 윤진은 비록 가난했지만 군색하지 않았고 집 앞에 수천 포기의 국화밭을 조성하여 꽃을 즐겼다. 정경세는 「국포기菊圃記」를 지어 윤진의 의리를 칭송했다. 쌀쌀한 날씨에 홀로 피어난 국화꽃처럼, 소인배들에 굴하지 않고 꼿꼿했던 윤진의 기개를 칭찬했던 것이다. 특히 정경세는 벼슬하지 않은 채 향촌에 남아 공공의 실천에 앞장선 윤진을 두고 '참된 즐거움[樂眞]'을 아는 군자이며,[246] 진정한 '대장부'라고 강조했다.[247]

상주의 사족들은 송량과 김각, 그리고 윤진과 같은 선배들의 의리와 도학의 실천을 배우며 존심애물의 마음을 닦아나갔다. 자신의 이익을 돌아보지 않은 채 공동체의 안녕에 헌신하는 공공의 실천이야말로 평생 정경세가 지향한 바였다.²⁴⁸ 1614년 강릉부사 재직 당시 향교의 사인士人들에게 써준 글에서, 정경세는 제갈공명의 처세와 관련하여 오직 나라를 위해 온 힘을 다하다 죽을 뿐 이득과 성패에 연연할 필요가 없다고 강조했다. 의리에 합당한 일을 찾아 실천하라는 취지였다.²⁴⁹

정경세는 젊은 시절부터 노년에 이를 때까지 형제처럼 지낸,²⁵⁰ 창석 이준을 자신의 진정한 친구[知音]라고 칭송했다.²⁵¹ 이준 역시 정경세의 행장을 쓰면서 자신들이야말로 남에게 은택을 주고 싶은 마음을 함께 품었던 동지였다고 술회했다. 두 사람은 후일 존애원 건립을 위해 의기투합했다. 상주의 동포同胞를 위한 의국醫局을 설립할 이유가 충분했다.²⁵² 이들 정경세와 이준·이전 형제, 그리고 성람과 강응철康應哲(1562~1635) 등 상주의 재지 사족들은 시를 짓고 서로의 심사를 논하던 평생지기의 친구들이었다.²⁵³ 석천 김각의 아들 김지복金知復(1568~1635),²⁵⁴ 그리고 송량末亮과 의병을 일으켰던 일묵재 김광두金光斗(1562~1608) 또한 존애원 건립에 동참했던 사족들이다. 일묵은 정경세가 김광두에게 지어준 호였는데, 정경세 본인의 호이기도 했다. 1601년 정경세를 방문한 김광두는 정경세의 호가 일묵재인 이유를 궁금해했다. 정경세는 너무 일찍 장원급제하고 고위직에 올라 말을 거칠게 쏟아낸 자신을 반성하고자, '만 마디 말과 만 가지

마땅함이 한 번의 침묵보다 못하다'라는 취지에서 일묵一黙을 취했다고 답변했다. 이에 김광두는 조정에 나갔다면 입을 다물어서는 안 된다고 반박했다. 임금의 정사 가운데 문제가 있는데도 입을 다물고, 조정의 정치가 제대로 시행되지 않는데도 입을 다물고, 어진 자와 사특한 자가 뒤섞여 있는데도 입을 다물고, 의리義理와 이욕利欲을 분간할 수 없는데도 입을 다물고 있어서는 안 된다는 비판이었다.

김광두 자신이야말로 관직에 나가지 못한 채 포의布衣의 신분으로 말을 삼가야 하는데, 이를 참지 못해 문제를 일으키므로 '일묵'은 자신에게나 어울린다는 것이다. 정경세는 일묵의 참뜻이 모든 일에 입을 다무는 것이 아닌, 필요할 때 말하는 것이라며, 김광두야말로 진정한 일묵의 뜻을 실천할 인물이라고 칭송했다.[255]

김광두는 의로운 사람이었다. 평생토록 어려운 사람을 돕고 전쟁 중에 갈 곳 없는 이들에게 살 곳을 제공했을뿐더러, 전쟁이 끝나고 전답을 돌려주었지만 사양하고 받지 않았다는 것이다.[256] 그러한 김광두가 1608년 병사했을 때이다. 집안 전부가 역병으로 장례치를 이가 없자, 창석 이준이 그의 마지막 가는 길을 돌보았다. 이웃과 친구에 대한 우정과 의리는 지역 공동체를 위한 존심애물의 바탕이었다.

존애원에서 유의로 활약했던 성람成灠(1556~1620)의 경우도, 정경세와 이준과 막역한 친구였다. 상주가 처가였던 인연으로 성람은

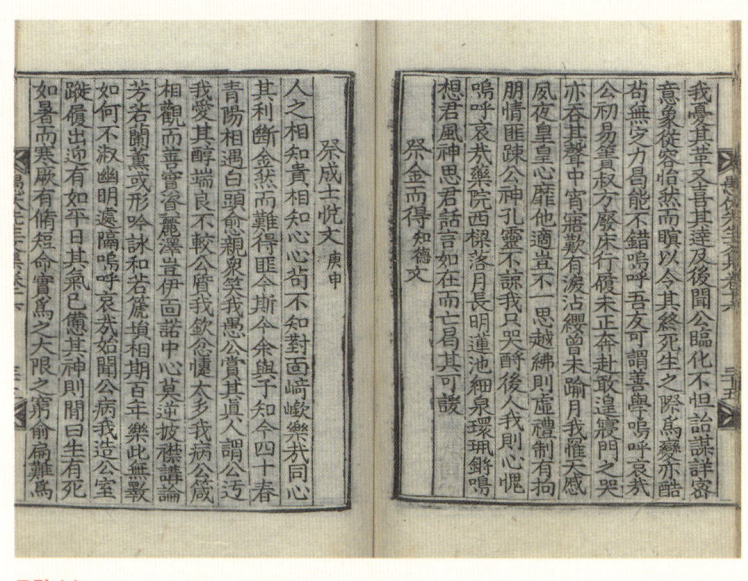

**그림 14**
정경세가 지은 성람의 제문. 한국국학진흥원 소장, 동래정씨 석문공파종택 기탁

상주를 왕래했고,[257] 정경세와 이준 등과 교분을 쌓아 존애원 창립에 참여할 수 있었다. 그는 처음에 남언경南彦經(?~?)에게 배우다가 이이와 성혼을 사사했으며 동시에 류성룡柳成龍(1542~1607)의 문하에 출입했다. 한 마디로 학풍과 당파에 무관하게 노장과 양명학에서 성리학과 의학에 이르기까지 다양한 학문을 섭렵했던 인물이다.

성람의 박학풍을 두고, 포저 조익趙翼(1579~1655)은 의술에 달통하여 수많은 병자를 구제했을뿐더러 세상의 의원들이 그의 정밀한 경지를 따라갈 수 없다고 극찬했다.[258] 봉화의 사족 김중청金中清 (1566~1629) 역시 청빈한 삶을 추구했던 성람이 의술로 많은 사람을 구했으니,[259] 경세제민의 뜻을 펼치고자 관리가 되는 대신 의술로 생명을 구한 모습이 중국의 범중엄에 비할 만하다고 칭찬했다.[260] 성람은 존애원의 유의로 활동하기 전부터 의술로 세상에 이름을 날리고 있었고, 상주로 이거한 후 존애원을 중심으로 공공의 실천에 앞장섰다.

1620년 성람이 죽자, 정경세는 만사를 지어 '40년 친구'의 죽음을 슬퍼하고,[261] 유의 성람의 존애원에서의 활약을 특필했다. 존애원 주변의 연못과 샘물 소리가 지금도 귀에 쟁쟁하고, 성람의 말투와 목소리가 눈에 선하다는 것이다.[262] 성람은 출사를 접은 채 존애원을 찾은 백성들에게 약물을 제공하고 처방을 나누는 등, 범중엄의 말 그대로 제세濟世를 위한 실천에 나선 진정한 군자였다.

요컨대, 존애원은 상주/사회를 더 나은 공동체로 변화시키려 했던 낙사[상주/사회]계의 정신을 이어받아, 정경세와 이준 등 상주의 사족들과 성람과 같이 상주에 이거해 온 사족들이 함께 꾸린 '공공의 실천장'이었다.[263] 공동선을 향한 재지 사족들의 의지와 공공의 실천이 충만할 때 의국 존애원은 빛을 발했다. 반대로 그러한 의지와 실천이 약해질수록 존애원의 존립과 지속은 또한 어려워질 수밖에 없었다.

## 의국 존애원의 쇠퇴

월사 이정구의 문인 최유해崔有海(1588~1641)는 경기도 양주목사楊州牧使로 부임하자 주자의 사창社倉을 시행하기로 마음먹었다. 백성의 고통을 덜어주려면 사창이 무엇보다 시급했다. 그는 공금을 절약해 쌀 100섬, 벼 200섬, 콩 50섬, 잡곡 100섬을 마련하고 사창을 설치해 주자의 뜻을 준수하기로 했다. 구체적인 실행 방법을 몰랐던 최유해는 공공을 위한 사창의 운용법을 친구 정경세에게 물었다. 정경세는 『주자대전朱子大全』을 읽다가 사창법 대목을 발췌해 둔 바 있으므로, 이를 최유해에게 보내준다며 좋은 지방관[良吏]의 모범이 되라고 칭송했다. 이에 더하여 특별히 한 가지를 더 당부한다고 했다. 주자의 사창을 지속하려면 '향촌의 적임자'에게 맡겨야 한다는 것[得人委任]이다. 대개 적임자를 얻지 못하면 갖가지 폐단으로 잠시만 시행될 뿐 지속가능하지 못하다는 충고였다. 결국 이름만 남고 실효는 얻을 수 없으니 공공의 실천에 앞장설 뜻있는 사람을 얻도록 권유했던 것이다.[264]

향촌의 적임자란 위기지학을 표방하고 공공의 실천에 앞장서는 재지 사족[斯文]을 의미했다. 상주의 의국 존애원을 건립하고 운영했던 이준과 성람, 그리고 정경세 본인과 같은 재지 사족들이었다.

정경세는 입신양명의 방도가 관료로 출세하여 국가의 동량이 되는 것만이 아니라, 향촌에서 공공의 실천에 참여하여 군자의 칭호를 얻는 일이라고 강조하곤 했다. 재지 사족들이 국가[관]의 명령에 따라 수동적으로 움직이지 말고 적극적으로 위기지학을 실천하기 바랐기 때문이다.

존애원의 유지는 상주 사족들의 상당한 노력과 공헌에 달려 있었다. 존애원 창립 멤버였던 월간 이전李㙉(1558~1648)의 아들 이신규李身圭(1600~1681) 역시 존애원의 지속을 위해 노력했던 인물이었다. 정경세의 제자이기도 했던 이신규는 1633년 생원시에 합격한 후 출세를 포기하고 상주에 남아 아버지(이전)를 이어 존애원 운영에 관여했다. 아울러 상주의 대표적인 서원인 도남서원의 공론을 이끌기도 했다. 1664년 상주 향안의 증수를 주도했던 이신규는 재자 사족들의 지역 내 역할을 강조했다. 그는 17세기 중엽 이후 지위 상승에 대한 평인平人들의 욕구로 인해 향촌 질서의 위기가 도래했다면서도, 사익이 아닌 공익의 실천에 앞장설 때 비로소 '사족의 정체성'을 보장받을 수 있다고 강조했다.

이미 17세기 중엽에는 '향당의 공공화'을 둘러싼 실천의 장에서 사족들과 평민들의 경쟁이 시작되고 있었다. 당시 이신규는 평인平人들에게 향교의 입학 자격을 허락한 정부를 비판하고, 사족의 지위가 점차 낮아지는 현상을 우려했다. 그럼에도 이러한 흐름이 불가피하다면, 영남의 사족들은 무언가 특단의 노력이 필요하다고 단언했다. 과연 이신규가 상주의 「향안(청금록)」에서 강조했던 진정한 사족의 정체성이란 무엇인가? 그는 향교의 평인들과 달리 향소의 사족들은 '향촌의 동량임을 스스로 증명해야 한다고 주장했다.[265]

도학, 즉 성리학의 확산과 함께 조선 후기에 평인들은 향교로 몰려들었고, 사족들은 서원을 중심으로 자신들의 지위를 유지하고자 했다. 19세기 초 다산이 걱정했던 전남 보성의 사족[約派]과 평인[校派]의 극한 대립은 이미 17세기 중반부터 그 기미가 나타나고 있었다.[266] 재지 사족들이 향소와 학교, 그리고 의국 등 공공 실천의 장에서 쉽게 활동할 수 있었던 16세기와 달리 17세기 중엽 이후, 공공 실천의 장에서 활동하려는 평인들의 욕망이 증가했다. 조선 정부는 도학의 실천과 이에 따른 '전 인민의 군자화'를 촉구하던 터라, 교화의 과정에서 나타난 평인들의 욕망과 사족들과의 갈등을 크게 문제 삼지 않았다.

상주의 이신규는 사족의 지위에 도전하는 평인들의 욕망을 비판하면서도, 원칙적으로 금지할 수 없다는 사실을 누구보다 잘 알고 있었다. 따라서 평인들과 공공의 장에서 경쟁이 불가피하다면, 재지 사족들 스스로 현능을 증명하여 지역의 모범[棟樑]이라는 명예[상징 자본]를 획득하지 않을 수 없다고 보았다. 향소와 학교, 그리고 의국의 운영에 적극적으로 참여할 뿐만 아니라 높은 수준의 도덕성을 발휘하여 상주 지역의 동량임을 보여야 한다는 것이다.

향안 중수가 완료된 1664년, 운영상의 어려움으로 존애원은 폐지된 상황에 놓여 있었다. 당시 이신규는 존애원 의국의 정상화를 위해 적극적으로 노력했다. 이신규는 지역의 모든 사족에게 편지를 보내 채납된 약가를 갚도록 종용했다. 자본금이 소진된 존애원의 정상화를 위해 불가피한 일이었다.

> 의국은 그 유래가 오래나 십수 년 사이에 탕패蕩敗되어 형체조차 없어졌다. 약재의 출납을 폐하자 곧 약탕 도구도 모두 철거하였으니 당초 의국을 설치한 뜻이 이에 이르러 모두 사라졌다. 실로 안타까운 일이다. 의국은 공공의 막중한 장소이다公共莫重之地. 근처 사람이 한낱 받아먹을 줄만 알고 갚을 생각을 아니 하니, 채납이 적체되어 계속 쌓이기를 금년이 이러하고 명년이 또 이러하여 한 사람의 부채가 많은 경우 백여 석에 이르고, 적어도 수십 석을 밑돌지 않으니 염치없고 도리 없기가 이토록 심하단 말인가. 한 고을의 중벌은 차지하고라도 또한 마음속으로 부끄럽지 않은가.[267]

이신규가 의국의 재정 상태를 파악한 결과, 존애원은 건립된 지 십수 년도 안 되어 문을 닫은 상태였다. 존애원의 운영이 치폐를 거듭한 이유는 제대로 약값을 갚지 않고 적자가 누적되어 지속적인 운영이 불가능했기 때문이었다.[268] 약채藥債를 갚지 않는 채무자들은 관아의 관리를 비롯하여 재지 사족과 양천良賤을 포함한 공동체 구성원들이었다. 의국의 자본금이 침식되지 않으려면 약재 무역과 제약 및 약물 판매 등을 투명하게 관리하고 제조 약물의 판매를 통한 취리본존의 구조를 유지해야 했다. 이신규가 의국의 도감都監을 맡았을 당시 존애원은 누적된 적자로 인해 자본 잠식의 상태였다.

　18세기에 이르자, 존애원의 지속과 관련하여 누적된 채무나 자본금의 고갈보다 더 심각한 문제가 발생했다. 존애원 운영을 둘러싸고 이른바 평인들과 사족들의 갈등이 폭발했던 것이다.[269] 관료로 출세하는 대신 지역에서 군자의 칭호를 받는 것 또한 진정한 효도가 아니던가? '공공 실천의 장'에 참여하여 명예를 얻으려는 욕망은 재지 사족을 넘어 그들의 서자와 평인들로 확장되고 있었다. 기본적으로 향소와 서원, 그리고 의국의 활동에 참여할 수 없었던 서자나 평인들은 불만을 품을 수밖에 없었다. 1782년 3월 상주의 윤득성尹得成은 상주의 재지 사족들이 역모를 꾀한다고 고발했다. 후일 밝혀졌지만, 존애원을 비롯한 상주의 향교와 서원, 그리고 향소의 직임, 이른바 삼소三所의 운영에 서자를 선발하지 않은 데 불만을 품었던 윤득성이 무고한 사건이었다. 경상감사 및 형조의 조사 과정에서 사실이 아님이 드러났고, 윤득성은 무고에 대한 처벌[反坐律]을 받았지만, 존애원을 비롯해 향소의 각종 서류들 전체가 의금부에 압류되어 사라져 버렸다. 서자와 평인을 차별한 채, 이들이 향소와 서원, 그리고 의국의 임원으로 활동하지 못하도록 했던 상주의 풍속이 만들어 낸 참혹한 결과였다.[270]

수년이 지난 1797년(정조 21) 이신규의 후손이었던 이동은 사헌부에 근무 시절 상주의 역모가 무고였음을 정조에게 알렸다. 사건의 전모를 들은 정조는 신분을 넘어 의리의 차원에서 모든 이에게 열린 공공 실천의 장을 만들어야 한다면서 상주의 '큰 모임[大稧]'을 다시 꾸리도록 명했다. 상주 내 권력 갈등은 일단락되고 존애원 의국도 정상화되는 듯했다.[271]

> 장효대왕[正祖] 정사년(1797)에 서고西皐 이동李峒이 초계문신으로 사헌부에 근무할 때 밤중에 임금님이 입궐을 명하여 부르고는, 존애원과 낙사계 두 곳의 사적에 대하여 하문했다. 당시 윤씨 성을 가진 이가 계[조직]를 무고했다고 아뢰니 모름지기 무고의 사실이 근거가 없는지라 계안첩

禊案帖을 다시 올리게 명하고 예람한 뒤 전지傳旨를 내렸다. '크구나, 계여. 나도 이에 들고자 한다.'라는 내용이다. 왕의 말씀이 큰 솥같이 무거워 '대계大禊'로 개칭하였다. 아, 무고인이야말로 시골의 한족寒族으로 일찍이 계에 동참한 일도 없거니와 또 여러 사람에게 업신여김을 당하여 한번 씻고자 하여 몰래 때가 이르기를 엿보다가 이같이 근거 없는 짓을 저질렀으니 진실로 어리석기 짝이 없다 하겠다. 오늘 계안을 수정하면서 정조대왕께서 계를 칭송한 사실이 새삼 느껴져 그 대강을 써서 유래를 밝혀 둔다. 갑오년甲午年(1954)[272]

  약채가 회수하지 않고 재정을 잘못 관리하여 의국의 자본금이 사라진 것보다, 의국의 운영을 둘러싸고 벌어진 지역 내 갈등이 제대로 해결되지 못하자, '공공의 실천장'이었던 존애원은 점차 그 역할을 상실했던 것으로 보인다.

  1811년 상주의 재지 사족들은 다시 존애원의 증수를 시도했지만 이전의 명성을 회복할 수 없었다. 마침내 19세기 후반에 이르러 존애원은 의국의 기능은 모두 잃은 채 그저 작은 시골집[村家]으로 쇠락하고 말았다.[273] 1782년 향전鄕戰의 후유증은 생각보다 컸다. 존애원의 자본금은 탕진되어 남아 있는 것은 고작 두어 마지기의 전답뿐이었고, 약방은 회의 장소로도 사용할 수 없을 정도로 망가져 있었다. 지역의 노인들을 위한 양로당으로 축소되었고,[274] 19세기 후반에는 그마저도 유지할 수 없었다.[275]

    임진왜란 직후 상주 사족들의 공동선을 향한 의지는 지역민을 위한 의국의 건립으로 이어졌다. 하지만 공국公局 존애원은 얼마 지나지 않아 문을 닫고 이후 치폐를 거듭했다. 17세기 중엽 이신규의 노력에도 불구하고, 18세기 후반에 존애원은 의국으로서의 기능을 상실했다. 존애원의 지속이 어려웠던 이유는 무엇보다 사설 의원의 활동이 증가하고, 약령시와 같은 시장이 활성화되면서 약재 납입의 공물 수취 체제가 변화했던 역사적 배경과 무관하지 않다. 하지만 공공 실천에 동참하여 '진정한 군자'라는 명예를 획득하려 했던 향촌 내 여러 세력의 갈등이 결정적이었다.[276]

    성리학[도학]은 모든 이에게 부여된 본연지성[천리]을 회복하여 공동체의 안녕을 위한 공공 실천에 앞장서도록 가르쳤다. 16세기 이래 위기지학의 실천에 동참하려는 의지는 조선 후기에 이르러 사족을 넘어 평인들 전체로 확산하고 있었다. '진정한 군자'라는 상징 자본을 획득하려던 사士/민民들의 욕망이 들끓게 되면서, 역설적이게도 공공 실천의 장은 축소되고 군자의 '명예'도 위태로워지는 안타까운 상황이 발생하고 말았다.

　존애원 설립 초기에 상주의 재지 사족들은 '공동체의 안녕과 지속'이라는 공동의 목표를 향해 나아갈 수 있었다. 하지만 18세기 이후 향촌 내부의 권력 갈등이 격화되고, 기왕의 사족들이나 새로운 신향층—성장한 평민들—모두 각자의 몫에 골몰하면서, 공동선을 향한 연대는 자연스럽게 깨지고 말았다. 사족과 양천을 막론하고 공익보다 사익을 추구하는 이들이 늘수록, 공공 실천의 장에 참여하려는 욕망 또한 늘어갔고, '군자의 자격'을 둘러싼 갈등 역시 격화될 수밖에 없었던 것이다.[277]

# 7

곤경에 처한 공공성

조선은 국초부터 지방에 의원[醫局]을 설치하여 의료 혜택을 확산시키려고 노력했다. 한 도에 한군데 혹은 세 군데의 의국을 건립하고, 지방 사족들 중 일부를 양성하여 의생으로 복무토록 할 계획이었다. 하지만 반계 유형원柳馨遠(1622~1673)의 비판대로, 지방관들이 의생을 관노처럼 부리고 온갖 역에 동원하자 글을 읽을 줄 아는 이들이 의생을 기피했다. 의생이 되어서도 매를 맞을까 근심할 뿐 글을 읽거나 의술을 공부할 겨를이 없었기 때문이다.[278] 중국에서조차 주현마다 의국을 두었지만 의술을 제대로 아는 의생이나 의원을 구하지 못해, 단지 약재 진상을 검사하는 심약審藥의 역할을 수행하는 정도였다. 하물며 조선은 각 읍마다 의국을 세울 여력도 없는 데다, 의국이 있다고 해도 의학에 밝은 인재[의원]를 구하기는 더욱 어려웠다.[279] 중앙에서 파견된 심약을 도와 납입 약재를 검사한다면 그나마 다행이었다.

17세기의 실학자 유형원은 그의 『수록隧錄』을 통해 조선의 전면적인 개혁안을 제안한 바 있다. 그 안에는 지방 의국의 개선안도 포함되어 있었다. 한마디로 재지 사족들의 공공 실천을 강조하는 방향이었다.

① 각 읍에 모두 의국을 설치하는데, 각 지역의 인사人士들에게 권유하여 의국을 설립한다. 운영은 지금의 '약계藥契'처럼 한다. 읍내의 한 구역을 설정하여 의국을 건립하고, 의국에 종사하는 사람들은 세금과 군역을 면제한다[해당 구역 내 의국을 설립한 후 나머지 지역의 호역戶役이나 세금은 모두 의국에서 주관한다].

② 현縣에는 의국을 한 군데 세우고, 군郡에는 두 군데, 부府에는 세 군데, 도호부와 대부大府에는 네 군데를 설치한다.

③ 만일 의국을 설립하려고 하는데 자본금이 없을 경우, 해당 지방관에게 사정을 보고하면, 관에서는 미곡을 빌려주고 10년 안에 갚도록 한다.

④ 열읍列邑으로 하여금 모두 의국을 두고 토지를 제공하고 장정을 주어 흥하도록 하면 실익이 있을 것이다. 의국은 의학을 일으켜 만민을 사랑하고 은혜를 베풀려는 뜻이므로 관아의 공물貢物 같은 일로 조금이라도 침학해서는 안 된다. 수령은 마땅히 이 뜻을 알아야 한다.[280]

반계 유형원은 당시 도내 몇 군데에 불과한 의국을 모든 군현으로 확대해야 한다고 주장했다. 일상을 영위하는데 필수 요소인 의국은 고을(邑)마다 설치되어야 마땅했다. 이미 국가의 법제로 군현에 의생을 두도록 했지만, 지방관들은 의생을 온갖 역에 동원하고 약재 진공을 넘어 마치 노비처럼 부리고 있었다. 이럴진대 지방 의국의 존속과 의생의 양성은 불가능했다.

유형원은 국가의 주도하에 재지 사족들을 권유하여 군현 단위까지 의국을 설치하고, 전통적인 상호부조의 방식인 계(契)의 운영 원리를 취해 의국을 관리하도록 했다(①, ②). 일반적으로 계(契)는 계원들이 갹출한 기금으로 영리(營利)를 도모하고 다시 계원들의 부조를 위한 자본으로 활용하는 형식이다. 계의 운영 원리를 의국에 도입함으로써, 약재 무역과 제조 및 판매 등 영업 이익을 통해 의국의 자본금을 유지하도록 설계했던 것이다. 국가는 의국의 초기 자본을 대여하거나 토지를 제공하는 등 비교적 안정적으로 출발할 수 있도록 도와야 했다(③, ④).

앞에서 살펴본 대로 의국과 같은 공공시설은 초기 설립도 중요하지만 지속적인 운영이 더욱 중요했다. 유형원은 의국의 초기 건립 비용을 국가에서 지원한 이후에는 재지 사족들이 중심이 되어 존본 취리의 묘(妙)를 살려 의국을 지속해 나가야 한다고 주장했다. 뿐만 아니라 의국은 만민에게 혜택을 주는[惠濟萬民之意] 중요한 공공의 장[公局]이므로 지방관이 어떠한 침학이나 도를 넘는 간섭을 해서는 안 된다고 강조했다(④).

나아가 재지 사족들의 공동선을 향한 위기지학의 실천이 더욱 중요해졌다. 사족들은 지역 의국의 설립과 운영의 주체가 될뿐더러, 의약 지식을 동원하여 약재를 무역하고 각종 약물을 제조 판매하며 그 이익금으로 공공 의료의 토대를 관리해 나갈 공적 의무를 부여받았다. 지방 의국의 지속가능성은 관리를 맡은 재지 사족들의 책임감과 명예 의식, 그리고 의국에서 활동하는 의생들의 유능한 실력이 갖추어질 때 가능했다.

현존하는 가장 오래된 조선시대 의국인 영주의 제민루는 내의원에 납입할 약재를 채취하고 관리하던 국가 주도의 공립 시설이었지만, 다른 한편으로 '제민濟民'의 의미 그대로 향촌을 위한 공공의료와 환난상휼을 위한 토대로 기능했다. 16세기 중엽까지 제민루는 향소와 학교, 그리고 의원의 기능을 복합적으로 수행했다. 하지만 1591년 영주군수 이대진의 지원과 사족들의 협조로 의원 규칙을 마련하면서, 제민루는 본격적인 지방 의국으로 자리매김했다. 임란 등 전쟁을 겪으면서 운영상의 문제를 드러내기도 했지만, 17세기 중반까지 꾸준히 유지될 수 있었던 것은 영주에 부임했던 지방관들의 의지와 재지 사족들의 공익을 위한 실천 덕분이었다.

그러나 18세기 초 제민루는 의원의 기능을 상실했다. 다시금 영주 사족들은 제민루의 중건을 위해 건축비를 갹출하고 공사를 감독하는 등 의국의 부활에 앞장섰지만, 이후 치폐를 거듭하던 제민루는 19세 말에 이르러 애초에 의국이었다는 기억조차 완전히 사라지고 말았다.

영주의 제민루가 이와 같은 치폐를 거듭했던 배경에는 의국 운영에 관여했던 재지 사족들의 공공 실천에 대한 의지, 이석간과 같은 명의의 존재, 그리고 재지 사족 박종무의 헌신적인 노력의 결과였던 안정적인 재정이 점차 사라져갔던 것이 결정적인 요소로 작용했다.[281] 설립 과정에서 국가의 재정적 지원을 받는다 해도 이후의 존속은 품질 좋은 약물의 제조 능력과 이익 창출을 위한 경영 능력, 나아가 투명하게 운영하겠다는 책임감을 모두 갖춘 재지 사족들의 공적 실천이 필수적이었다.

반계 유형원의 의국 운영 개선안 역시 이상의 삼박자를 모두 갖춘 지방 의국을 상정한 것이었다. 약값을 갚지 않는 채무자들이 늘어 재정이 고갈되고 공공의 장에 참여하려는 재지 사족의 의지와 정체성이 약화될 경우 의국은 언제나 폐지될 운명이었다. 가령, 강릉 약국의 지속을 위해 계원들에게 베풀었던 특혜는 항상 그 이익의 적정선과 그로 인한 계원과 비계원 사이의 갈등을 야기하곤 했다. 가능하다면 공공을 위한 실천에 참여하려는 선의와 명예 의식이 필요했다. 위기지학에 대한 성리학자들의 강조 또한 동일한 맥락이었다.

상주 의국 존애원이 건립된 후 얼마 지나지 않아 자본금이 모두 고갈되자, 정부는 약전藥田과 같은 재정 지원과 함께 재지 사족들의 자율적인 관리를 당부했다. 하지만 18세기 후반 존애원은 한 차례 역모 사건의 홍역을 치르고 나서, 더 이상 의국의 기능을 담당하지 못했다. 공공선의 토대를 유지하기 위해 당파를 넘은 연대와 신분 차이를 극복한 화합은 물론 적서嫡庶의 구별 없이 현능한 사람이 관리해야 한다는 원칙, 모두가 무너졌기 때문이다. '향당의 공공화' 즉 향촌(사회)의 재구축은 사익을 넘어서 공공의 이익을 향하려는 수많은 의지와 노력이 요구되었다. 예나 지금이나 분명 쉽지 않은 일이다.

1782년 상주의 윤득성이 일으킨 허위 역모 사건에 대해, 정조는 향소나 서원의 임원이 되지 못한 서자들의 억울함을 고려하지 않을 수 없다고 강조했다. 물론 없는 일을 꾸며낸 잘못이 컸지만, 영남은 특히 삼소三所(향소, 향교, 서원)의 관리자로 서자를 임명하지 않는 풍속이 전국에서 가장 심했다. 정조 역시 이 사실을 콕 짚어 비판했다. 상주 사족들이 향촌 내부의 화합을 이루어내지 못한다면, 많은 이들의 선의와 실천으로 유지되었던 각종 '공공의 토대'는 존립하기 어려웠다. 정조가 화합을 요구하면서 내린 '대동(大同)'이라는 이름이 무색할 뿐이었다.[282]

  1602년 존애원 건립 당시, 상주 사족들은 영남과 기호를 가리지 않고 위기지학을 실천하려는 사문斯文들이 함께 했다. 이는 16세기 이래 지속되었던 『소학』 운동을 비롯해 위기지학을 지향했던 결과였다. 수신제가 이후 치국의 길은 관료 이외에 '향촌 내 공공 실천'으로도 가능하다는 생각이 대두하자, 유향 품관은 물론 다수의 재지 독서층[유학幼學 및 생진시生進試 합격자]이 지역의 공공 실천에 동참했다. 이들의 적극적인 향소 참여, 그리고 서원과 향교에서의 활동은 '도학자로서의 사문斯文 의식의 확장과 정체성'에 대한 느리지만 뚜렷한 역사적 변화를 만들어냈다. 한편 전통적인 호혜 조직인 '계契'를 새로운 공공의 '약約'으로 전환시키려는 의지도 나타났다.[283] 사적 이익을 위해서가 아니라 계의 원리를 확대하여 각종 공공의 장을 변모시키려는 계획은 '향촌(사회)의 구축'이라는 새로운 과제와 연결되었다. 요컨대 '향당의 공공화'는 사적 이익의 각축장을 극복하고 '공공 실천의 장[사회자본]'을 구축하기 위한 부단한 성공과 실패의 역사였다.[284]

성리학자들은 위기지학의 공부와 실천을 강조했고, 이는 사익을 넘어 공동선의 토대를 구축하려는 활동으로 이어졌다. 재지 사족들 역시 향소와 서원을 넘어 의국의 공공성에 주목했다. 도학의 이상을 실현코자 일부 재지 사족들은 적극적으로 의술을 배워 유의로 활동했다. 또한 일부는 의국의 재정 관리에 참여했으며, 일부는 직접 의국의 건립을 주도하기도 했다.[285]

이처럼 조선 초 이래 조선 정부가 추진했던 공공의료의 확장은 재지 사족의 적극적인 협조와 실천 없이는 성공하기 어려웠다. 한마디로 지역을 위한 '향당의 공공화'를 수반되지 않으면 불가능한 일이었다. 16~17세기에 국가나 관의 주도를 넘어 재지 사족들의 공공에 대한 참여가 늘어났고, 점점 더 많은 사족과 평민까지 공공의 실천장에 참여하려는 의지를 불태웠다. 18세기에 이르러 유학 독서인[斯文]을 자처하는 향촌 식자층이 점점 더 늘어나고, 이들 사이에 공공을 위한 실천을 통해 진정한 군자로 거듭나려는 명예의 욕망들이 갈등하지 않을 수 없는 상황에 이르렀다. 오래된 재지 사족들은 삼소三所의 관리를 이들 새로운 독서인들과 함께 공유하지 않으려 했고, 결국 의국과 향교 그리고 서원에서의 향전은 불가피했다. 시간이 흐를수록 향촌 내부의 갈등은 더욱 증폭되었고 문제가 순조롭게 해결되지 않는다면, 더 이상 지방의 의국이나 서원, 향교와 같은 공공의 장은 유지되기 어려웠다.

  오늘날 대한민국에서는 인구 감소와 지방의 축소를 우려하는 목소리가 점점 커지고 있다. 아울러 자본주의가 고도화되면서 개인의 욕망과 이익을 위한 경쟁은 더욱 심화되고 있다. 지나친 경쟁으로 인한 피로사회를 호소할 지경이다.[286] 과연 파편화된 개인을 넘어 '사회의 재구축'은 이루어질 수 있는가? 또한 공동선의 토대를 구축하기 위한 '공공 실천의 장'은 가능한 일인가? 복잡한 문제들이 현안으로 다가오는 이때, 시간을 거슬러 16~17세기 열악한 지방 의료 상황을 개선하고자 노력했던 국가 그리고 재지 사족들의 실천을 보면서, 유마힐의 마음을 가진 '진정한 지식인[眞儒]'이 되려면 어떤 것을 고민하고, 어디에 힘을 쏟아야 하는지 곱씹어 보지 않을 수 없다.

주석

## 1. 왜 '의국'인가?

1 강릉 약계에 대한 연구는 이규대, 「조선후기 약국계의 일고찰」, 『사학논총』 (우인 김용덕박사정년기념사학논총간행위원회), 1988. 본 논문은 후일 이규대, 『조선시기향촌사회연구』, 신구문화사, 2009에 약간의 수정을 거쳐 재수록되었다.

한편, 상주의 존애원은 일찍부터 조선 최초의 사설의료기관으로 자리매김 되었다. 한기문, 「조선후기 상주 존애원 설치의 배경과 의의」, 『상주문화연구』 10, 2000; 권태을, 「상주 존애원 관련 시 소고」, 『상주문화연구』 10, 2000. 이후 2005년 권태을의 주도로 『존애원』 관련 단행본이 출간되었고, 최근 존애원을 둘러싼 향촌 사족의 역할을 강조하는 몇 편의 논문이 참고할만하다. 우인수, 「조선후기 상주 존애원의 설립과 의료 기능」, 『대구사학』 104, 대구사학회, 2011; 김형수, 「임란직후 상주 지역질서의 재편과 존애원」, 『국학연구』 30, 한국국학진흥원, 2016; 최은주, 「월간 이전·창석 이준 형제의 전쟁체험과 애민정신, 그리고 존애원」, 『국학연구』 30, 한국국학진흥원, 2016 참조.

2 김호, 「16~17세기 조선의 지방 醫局 운영: 경북 영주의 濟民樓를 중심으로」, 『국학연구』 37, 한국국학진흥원, 2018.

3 김호, 「16세기 지방의 의서 편찬과 患難相恤의 實踐知」, 『朝鮮時代史學報』 89, 조선시대사학회, 2019; 김호, 「환난상휼의 실천, 16~17세기 향촌 사족들의 지방 의국 운용」, 『역사와 현실』 127, 2023b.

4 김호, 「제주의 주변성과 의료 환경」, 『한국학연구』 55, 인하대학교 한국학연구소, 2020.
5 김호, 「17세기 후반 읍취헌 송익의 「성주의국중수기」, 『문헌과해석』 95, 태학사, 2024b.
6 김호, 「'향당鄉黨의 공공화', 상주 사족의 존애원 설립과 유의 성람」, 『人文論叢』 80(2), 서울대학교 인문학연구원, 2023a.
7 16세기 사림의 소학 실천 운동에 대해서는 윤인숙, 『조선 전기의 사림과 소학』, 역사비평사, 2016 참조.
8 리차드 세넷, 『투게더-다른 사람들과 함께 살아가기』, 김병화 옮김, 현암사, 2013.
9 이규대, 1988, 앞의 논문.
10 뒤에서 언급하지만, 17세기 후반 반계 유형원은 국가에서 재정을 지원하여 지방에 의국을 설립한 후 사족들의 약계 형식을 빌어 운영할 것을 제언했다(이 책의 7장 참조).
11 16~17세기 조선의 사족과 향촌 질서를 연구하던 1980년대의 분위기는 사실상 조선이 관료제 국가이면서도 지방은 사족(양반)이라는 '봉건적 지배층(신분)'의 관리하에 놓여져 있었던 '중세' 국가였음을 강조하고 있었다. 근대사연구회, 『한국중세사회 해체기의 제문제(상·하)』, 한울, 1987; 한국역사연구회, 『조선은 지방을 어떻게 지배했는가』, 아카넷, 2000. 일단 16~17세기 조선의 사족(양반)을 중세 봉건사회의 영주에 비유할 만한 세습적 지위와 특권을 지닌 존재인지 여부는 의문이며 쉽게 단정하기 어려운 문제이다. 본고에서 이 주제를 본격적으로 다룰 수는 없지만, 적어도 조선의 양반(사족)은 세습과 성취의 어느 사이에 위치한 역사적 산물이라는 점을 지적해 둔다. 이른바 성리학을 공부하고 지배층의 지위를 누리고자 했던, 조선의 사족(양반)

들은 단지 혈연 혹은 지역적 연대만으로 해당 지위의 세습을 이어갈 수 없었다. 유승원, 『사대부시대의 사회사』, 역사비평사, 2020 참조. 이들은 필요한 경우, 다양한 공공 실천을 통해 지배층의 지위에 걸맞는 상징자본을 축적하지 않으면 안되었다. 조선이 점차 성리학 사회로 변모해 갈수록 반상班常의 '구별짓기'를 둘러싼 사회자본의 축적 필요성과 이로 인한 사회의 역동성은 비례적으로 커질 수 밖에 없었다. 피에르 부르디외·로익 바캉, 『성찰적 사회학으로의 초대:부르디외 사유의 지평』, 이상길 옮김, 그린비, 2015.

12 이규대의 도식은 후속 연구로 이어졌다. 신동원, 「조선시대 지방의료의 성장:관주도에서 사족주도로, 사족주도에서 시장주도로」, 『한국사연구』 135, 한국사연구회, 2006.

13 이는 한국사 연구에 오랫동안 주류 담론으로 자리했던 조선 '중세'론과 다르지 않다. 이른바 조선을 중세=봉건사회로 규정하고, 조선 후기에 신분제의 해체를 동반한 농민혁명 및 자본주의 사회로의 전이를 거쳐 비로소 근대로 진입할 수 있었다는 서구근대화론과 깊이 연관되어 있다(20세기를 거쳐 서구의 근대론이 어떻게 한국사 연구에 적용되었는지, 나아가 식민주의를 극복하려 했던 민족주의 역사학에 지대한 영향을 미쳤는지는 미야지마 히로시, 『일본의 역사관을 비판한다』, 창비, 2013; 미야지마 히로시, 『한중일비교통사:역사상의 재정립이 필요한 때』, 너머북스, 2020 참조).

14 성리학을 조선의 사족 지배 이념으로 평가절하고 부정적으로 평가하는 데는 守本順一郎, 『동양정치사상사 연구』, 김수길 옮김, 동녘, 1985가 기여했다. 성리학은 이른바 개인(수양)의 차원을 넘어 향촌과 국가 질서를 함께 시야에 두고 어떻게 '좋은 공동체'를 만들 것인지를 모색한 결과였다. 木下鉄矢, 『朱子学の位置』, 知泉書館), 2007; 피터볼, 『역사속의 성리학』, 김영민 옮김, 예문서원, 2010.

15 조선의 지방 의국은 16~17세기에 설립되고 있었던 서원과 마찬가지로 '사회(적인 것)'의 구축 과정에 다름아니다. 서원 역시 의국과 마찬가지로 '사립'이나 '사설'로만 단정하기 어렵다. (김호, 「'향당鄕黨의 공공화', 상주 사족의 존애원 설립과 유의 성람」, 『인문논총』 80(2), 서울대학교 인문학연구원, 2023a. 물론 강릉의 약계를 '(향촌 지배를 위한) 사족들의 주도'로 해석하려는 시각은 여전하다. 최근의 연구는 강릉 약국계를 재지 사족의 '결사체'로 강조하면서, 이들 강릉의 재지 사족들이 성리학적 규범을 동원하여 신분사회의 질서를 철저히 통제하는 동시에 미흡한 지역 의료상황을 고려하여 공동으로 약재를 구입하고 지방 의생을 양성했다고 주장한다. 임호민, 「조선시대 향촌조직 결성의 양상과 추이 고찰-강릉 지방의 사례를 중심으로」, 『강원사학』 27, 명지대학교 인문과학연구소, 2015.

16 허균은 조선에서 강력한 지방(호강) 세력이 존재하지 않은 것이 그나마 다행이라고 강조한 바 있다(허균, 『성소부부고』 권11, 「호민론豪民論」).

17 Sukhee Lee, Negotiated Power: The State, Elites, and Local Governance in Twelfth to Fourteenth-Century China, Harvard East Asian Monographs, 2014. 중국 향촌사회사의 지방과 국가의 협력과 긴장에 대한 연구를 참고할 만하다.

18 최근 구미학계의 중국 향촌사회사 연구동향을 참조할 만하다. 그동안 중앙의 국가와 지방 사족을 대립적으로 설정하던 시각을 극복하고 민과 관의 협상과 협응을 통해 '공공 정책의 확산'을 도모했다고 설명하고 있다. 이석희, 「최근 30년 북미 중국학계의 향촌사회사 연구동향」, 『역사와 현실』 97, 한국역사연구회, 2015. 필자 역시 이러한 관점에 기본적으로 동의하고, 초시 합격자 위주의 재지 사족들의 실천[斯文의 확대]을 통한 공동체society 기획의 역사적 의의를 강조하려 한다. 피터 볼, 『역사속의 성리학』, 김영민 옮김,

예문서원, 2010 참조.
19 윤인숙, 『조선 전기의 사림과 소학』, 역사비평사, 2016; 미야지마 히로시, 『한중일비교통사』, 역사비평사, 2020, 239-241쪽 참조.
20 김호, 「환난상휼의 실천, 16·17세기 향촌 사족들의 지방 의국 운영」, 『역사와 현실』 127, 한국역사연구회, 2023b.

## 2. 열악한 향촌 의료

21 최종호, 「서애 유성룡의 가서家書 연구-『선조필첩先祖筆帖』에 수록된 간찰을 중심으로」, 『퇴계학논총』 35, 퇴계학부산연구원, 2020.
22 류성룡, 『서애선조필첩』, 한국국학진흥원, 2023, 212쪽.
23 『西厓集』 권17, 「鍼經要訣序」.
24 류성룡, 2023, 앞의 책, 124쪽.
25 선조 역시 『동의보감』을 편찬할 당시 백성들의 약재 구입의 어려움을 타개하기 위해 향약鄕藥의 활용을 매우 강조했다. 김호, 『허준평전』, 민음사, 2024, 102-110쪽.
26 류성룡, 『서애선조필첩』, 국학진흥원, 2023, 122쪽.
27 위의 책, 210쪽.
28 일제강점기에 경북의 영천군, 순흥군, 풍기군이 지금의 영주군으로 통합되었다. 경북에는 발음이 같은 영천군永川郡(현 영천시)이 있어 혼동하기 쉽다.
29 『內醫院式例』 「年例進上」 臘藥 臘日. "牛黃淸心元, 九味淸心元, 龍腦安神丸, 小兒淸心元, 牛黃抱龍丸, 龍腦蘇合元, 麝香蘇合元, 水煮木香膏, 龍腦膏, 木香保命丹, 加減薄荷煎元, 感應元, 安胎丸, 抱龍丸, 牛黃凉膈元, 瀉靑丸, 好合茵蔯元, 神保元, 神聖辟瘟丹, 千金廣濟丸, 立效濟衆丹, 二十一種."

30 『諺解臘藥症治方』,「序」"臘劑各種, 証治與使用之法, 雖詳載方書而考閱未易, 且遠外窮鄕, 雖得刀圭, 未知下用之方, 人多病之. 茲摘古方要語, 刊印以傳."
31 위의 책,「최생단」"治産婦生理不順, 産育艱難, 或橫或逆. 每用一丸, 溫水磨服, 卽産."
32 위의 책,「稀痘兔紅元」"初生小兒, 二三丸, 乳汁送下, 一歲兒, 五丸或七丸, 三歲後, 十五丸. 久服則遍身發出紅斑, 是其驗也."
33 피터 볼,『역사 속의 성리학』, 김영민 옮김, 예문서원, 2010. 사문斯文, 즉 유학을 공부한 지식인은 과거를 통해 관료가 되는 것을 목표로 하지만 나아가 지역 공동체를 위한 공공의 사무에 참여하는 것을 중요한 학문의 실천으로 여기고 있었다. 조선의 경우에도 점차 독서층이 확산되면서 '공공의 실천'에 참여하려는 인민들의 의지가 증가했다. '조선의 유교화'를 가부장 중심의 질서를 강화하거나 신분 차별의 이데올로기였다는 차원에서만 이해한다면, 모든 인민에게 천리天理의 구현 가능성을 허용했던 성리학의 기본 사상을 지나치게 무시한 해석으로 보여진다. 김호,「'비교사의 모험', 유학은 어떻게 동아시아를 만들었는가?」,『역사학보』 262, 역사학회, 2024c. 참조.
34 사족 집안의 서자들은 문무과로 출신할 수 없었기에 대개 집안의 여러 가지 잡무를 돕는 역할에 만족했다. 이들 가운데 일부는 의학을 배워 집안의 유의로 활약하기도 했다.
35 김호,「15세기 초 박흥생의 목민론:『居官箴戒』를 중심으로」,『조선시대사학보』 85, 조선시대사학회, 2018a.
36 『菊堂先生遺稿』 권3,「撮要新書(下)」'醫藥門'.
37 『別洞先生集』 권2,「義興開刊鄕藥救急方跋」.
38 『성종실록』 권202, 성종 18년 4월 27일.
39 『虛白亭文集』 권2,「救急易解方序」"言曰 醫乃仁術也 仁者天地生物之心也."

40  안병희,「神仙太乙紫金丹方解題」『서지학보』6, 한국서지학회, 1991; 김성수,「神仙太乙紫金丹-조선의 만병통치약」,『인문논총』67, 서울대학교 인문학연구원, 2012.
41 『治腫方』(버클리대학교소장본),「治腫方序」.
42 조선 전기 의료 제도 일반에 대해서는 이경록,『조선 전기의 의료제도와 의술』, 역사공간, 2020 참조.
43 『태조실록』태조 2년 1월 29일.
44 『세종실록』세종 9년 11월 2일.
45 『예종실록』예종즉위년 12월 6일.
46 『세종실록지리지』「경기」, 의원은 해당 지역의 약재를 채취하고 재배하여 진상하는 일을 담당했다.
47 『성종실록』성종 24년 9월 16일.
48 『치문경훈』은 불교도의 초학용 서적으로 선사禪師들의 수신 관련 내용을 초록하여 개인의 수양에 도움을 주는 서적이다. 안재철,『치문경훈의 문법적 이해』, 하늘북, 2004.
49 『緇門警訓』(국립중앙도서관)
50 『武陵雜稿』권7,「豊基移建學校記」"八月上丁 躬薦時事 慨然欲移建 謀之獻官 僉曰可也 方苦大旱 不敢有爲也 有上舍黃彬氏聞且歎曰 請出家米十五石 爲經費助."
『武陵雜稿』권8,「竹溪志學田錄跋」"有書院不可以無田 於是立田立寶米 以爲吾徒藏修之廩田若干結卜 歲入租若干斛 有邑人進士黃彬氏 出租七十五石 以助之 春秋享廟之餘 足以廩遊學之士."

## 3. 영주 의국 제민루濟民樓

51 『濟民樓志』(영주문화원, 1996), 「濟民樓記」 13쪽.

52 上同, "昔晉陽浩亭河相公 出宰是邑 修明學校 起樓五間 歲久傾頹 邑人欲改 而不能者 久矣 癸丑之春 潘侯受命 來治是邑 善繼浩亭之志 仍其舊基 作東齋 六間 南樓五楹 其壯麗 前後無比 邑人稱美之."

53 上同, "歲在戊戌 月城李公允商 來守于玆 龜城之南 作醫院三間 隘陋極矣 於 是 潘侯 咨於衆曰藥材不可不潔 乾藥之處 藏藥之所 其可狹陋乎 僉曰某之有 志 久矣 於是 不勞農民 召集遊手 乃搆鄕序堂 又臨流相地 築臺數尺 起樓三 間 大哉潘侯之志也 學校 正風明敎 禮義之所出 醫院 進上濟民 藥材之所在 學樓之壯 醫院之美 自榮川建邑以來 古所未有也."

54 上同, 「成化戊子烏川鄭從韶記」 "遂補起四楹于濟民樓西角 (중략) 不閱月而功 訖 通新舊凡七間也 於會坐甚便 改稱爲鄕序堂 邑内子弟之肄業 鄕中父老之飮 射 咸集序坐 講信修睦 矧今七夕之會 一鄕畢至 或飮或射 以修文武之業 其增 廣之意 盖欲闔郡遊藝於一堂之中 非爲慢遊以作虛器也."

55 『榮州三邑誌』, "醫院 往在戊戌 郡守月城李允商 作醫院三間 中廢 宣德癸丑 郡守潘渚 作濟民樓 爲醫藥之所 其後又廢 萬曆辛卯 郡守李大震 更建醫院於 樓之北 廣其規模 都監一人掌之 鄕座首兼管."

56 上同, "東西廡舊無東西廡宋朝四賢 東國前朝四賢 竝皆從享於殿内 萬曆戊子 宣廟朝 命建分享 李大震郡守時也 萬曆辛亥 光海朝 追享本朝五賢."

57 『선조실록』 선조 16년 2월 10일.

58 『鶴峯先生文集續集』 권5, 「退溪先生言行錄」; 『제민루지』 888쪽 「退溪先生 言行劄記」 "弱冠時 與諸友會隷于榮川醫院 上舍朴承健時以少年 方讀小學 熟 察先生動靜合於所讀書 問曰公曾讀小學否 先生笑答曰未也."

59 『제민루지』 「嘉靖二年癸未正月二十五日 接中立議」 887쪽.

60  소수박물관,『儒의 道로 仁의 術을 펴다 : 영주의 공주이씨 사람들』, 소수박물관, 2011.
61  『伊山入院錄』에 의하면 가정 무오년의 명단은 張壽禧, 韓佑, 金允癸, 權鳳年, 安福崇, 朴承倫, 黃釪, 閔碩勳, 金允誠, 閔樹勳, 金玏, 宋福基 등 모두 12명이었다.
62  『退溪先生文集』권42,「伊山書院記」"榮郡據小白之南 地靈而風美 號稱人才之淵藪 其俗尙文藝 尤好爲羣居肄業 名之曰居接 一境之士咸萃焉 亦有自他方 負笈而來者 雖多不厭 皆官措供給 殆無闕歲 其來尙矣 舊有穀若干石 以養秀士 乃正德年間 郡守李侯沆所置 差人典守 久而不替 蓋拳拳乎樂育之意 非他郡所及."
63  이항에 대해서는 윤주필,「16세기 사림의 분화와 낙서거사 이항의「오륜전전」번안의 의미」,『국어국문학』131, 국어국문학회, 2002 참조.
64  『濟民樓志』「嘉靖二年(1523년)癸未正月二十五日 接中立議」887쪽. "右立議段 己巳年 洛西李先生沆 設立入試儒生書 糧米十石 太五石[今作精粗四十石]."
65  『濟民樓志』「嘉靖二年(1523년)癸未正月二十五日 接中立議」887쪽.
66  『退溪先生文集』권42,「伊山書院記」"顧未有館舍之作 每一聚會 卽假容於郡之醫院 旋會旋罷 斯爲未盡善也 嘉靖甲寅冬 順興安侯瑑來莅是郡 勤謹職事 政通弊祛 尤以右文興學 激勸人才爲先務."
67  『신증동국여지승람』권25, 慶尙道 榮川郡 '樓亭'. "濟民樓 在龜山南 宣德癸丑 知郡潘渚 建乃醫學樓也 敎授官文獻 爲記."
68  『雜物秩不忘記』(개인소장본)은 영주의 향토사 연구자인 김태환 선생의 도움을 받아 입수했다. 지면을 빌어 감사드린다.
69  현재 3종의 영주읍지가 전하는데 취사본이 가장 앞선 것으로 추정된다. 강구율,「榮州誌 해제」,『(國譯)榮州三邑誌』, 소수박물관, 2012, 19-29쪽.

「의원입의」는 취사본과 괴헌고택본의 내용이 동일하다. 학사본의 경우 결락이 많은 데다 남아 있는 조항이 앞의 두 필사본과 같음으로 본고는 취사본의 「입의」를 중심으로 정리했다.

70 김지영, 「禮敎의 가늠자」, 『규장각』 52, 서울대학교 규장각한국학연구원, 2018.

71 1625년 이산서원에서 『영주읍지』의 「서문」을 작성했던 이여빈은 영주를 산천이 아름답고 인재가 뛰어난[地靈人傑]의 고장으로 칭송하고, 고을의 문인과 재자才子들이 충분해 도량과 명망 높은 이들이 세대를 이어 나갔으며 충효와 정렬貞烈의 행실 또한 후대의 귀감이 될 만하다고 주장했다. 읍지는 향촌의 민풍民風을 관찰하기 위한 필수 자료였다. 이여빈은 영주 혹은 경상도에 부임하는 지방관을 포함해 영주 풍속에 대한 지식인[斯文]들의 평가를 염두에 두고 있었다. 지역의 미풍美風과 양속良俗을 적극적으로 표현하는 일이야말로 영주 사족들의 중요한 역할 중 하나였으며 제민루 입의立議는 빠뜨릴 수 없는 자료였다(『炊沙先生文集』 권2, 「榮州誌序」).

72 봉화의 남몽오(1528~?)는 제민루의 活人功을 칭송하고 영주가 새로운 壽域이 되었음을 자부하였다. 동시에 공전에서 백 가지 약재를 재배하여 납입했던 사실도 언급했다(『三松先生逸稿』, 「敬次醫院韻[在龜城]」 "二天誠在活人功 壽域新開四境中 借與公田栽百草 早春風日暖園東.").

73 김태환, 「儒醫 草堂 李碩幹」 『영주의 공주이씨 사람들』, 소수박물관, 2011; 김호, 「16~17세기 조선의 지방 의국 운영:경북 영주의 제민루를 중심으로」 『국학연구』 37, 한국국학진흥원, 2018b. 참조.

74 『公山世乘』 권1, 「信者言之瑞賦」.

75 『公山世乘』 권1, 「大藥賦」.

76 오준호 외, 「조선 중기 유의 이석간의 가계와 의약사적 연구-새로 발견

된 大藥賦를 중심으로」, 『한국의사학회지』 26(1), 한국의사학회, 2013, 90-93쪽 참조.

77 『公山世乘』 권1, 「答魚士拱-應辰」 "僕昔爲母病 粗聚方書 鄕材之藥."

78 향촌 처사로 남았던 이석간에 비해 그의 두 아들 이정견(1557~1610)과 이정헌(1559~1592)은 1591년 무과에 나란히 합격한 후 임란 당시 무공을 세워 영주의 대표적인 유족儒族으로 성장할 수 있었다.

79 『冲齋先生文集』 권7, 「朝天錄」 "二十八日 到坡州 牧使趙世英對飯 仍向甕幕 謁奠皇甫公墓 到東坡宿 李碩幹從."

80 조세영은 1513년(중종 8) 생원시에 합격하여 內需司 別坐를 역임하고, 이후 1521년 별시문과에 급제한 후 안동부사 등을 지냈다. 이석간의 아버지와 조세영 사이의 편지가 현존한다.

81 『冲齋先生文集』 권7, 「朝天錄」 "二十九日 晴 早食時發 到天壽院 與書狀官暫歇 到開城 碩幹辭去." 권벌의 사신 행차에 동행하였던 이유로 이후 영주에는 이석간이 중국의 황제를 치료하고 명의로 이름을 날렸다는 전설이 유행하였다.

82 『公山世乘』 권1, 「答碩幹」 "毋爲浪遊虛送歲月 可也 松都古稱 繁華之地 汝若不知父母年老 甘心於浪遊 則悔將何及 汝年亦非少年 毋忽毋忽."

83 『公山世乘』 권1, 「李碩幹事實」 "公以參奉 見忤於尹元衡 因棄歸隱黃岐家 有名當世."

84 김호, 2018, 앞의 논문 참조.

85 『栢谷先生集』 권1, 「戲言記」 "余乙丑春 省生妣于星州 又自安東 偕禹君性傳 謁禮安退陶門下 受心經 歸路歷龍官縣 縣監金斯文八元舜擧 舊相識也 爲訪之 坐未幾 榮川李丈碩幹氏送同年本道觀察李公友閔還朝之行于聞慶而來 是權忠定公擻親甥也 以己巳生 中甲午蓮榜 曾爲典獄署參奉 無書不覽 以博洽善屬文稱 旁通醫術 其術甚精 有識量 員長者也 (중략) 其後十二年 余登第 又十八年

余陞正一品 其必尊貴之言果驗 想李丈善相人矣 余時年二十八 而屢擧不中 猶爲幼學 其蹭蹬蹇滯甚矣 而李丈一見有此言 此所謂必先知之者也."

86 『嘯皐先生文集』 권4, 續集 「答李仲任碩幹書」 "任荷念厚依保 但漉兒造不永快 以此爲念 專荷曲賜垂恤 獲保危喘 莫知所以爲報 薄物只增愧恧."

『退溪先生文集外集』 권1, 「寄鐵津」 "李仲任過談君墜馬殊苦 今已復常" 퇴계 이황이 박승임에게 보낸 안부 편지 내용이다.

87 『公山世乘』 권1, 「答魚士拱-應辰」 "遠承垂翰, 感拜感拜 泮宮之遊, 屢奉淸儀 爾來, 三十年餘 同遊之人, 太半作古 餘存者, 亦不老則病, 不病則困於斥逐之中, 有時思到, 令人氣短 (중략) 僕昔爲母病, 粗聚方書, 鄕材之藥, 爲衆所侵耳 頓無折臂經驗之術, 靦然方類多不中, 公何從過聽耶? 重違勤敎, 輒錄臆料, 電覽付丙, 如何."

88 그는 1528년(중종 23) 퇴계와 함께 사마시에 합격하고 1537년(중종 32) 식년문과에 급제하였다.

89 『瓶山先生文集』 권1, 「與李仲任-碩幹」 "然而敢邀者 悶於病而出於情之不得已也 吾病令似向歇 步行於一廳之內 然何可保其終吉 念勞一臨 則庶幾有生道 而不敢望 洛中用鍼者不一 而無有用圓鍼者 時或有能殺人 如此者 可以信之而將一身委許之乎."

90 『瓶山先生文集』 권1, 「與李仲任-碩幹」 "僕自去月初七 痢疾兼發未見差 百藥無效 絲命尚存 此必用藥之不良悶極 (중략) 望公之來 如何如何 伏乞無托輕裝馳到."

91 『公山世乘』 권1, 「八代宣務郞南部參奉諱碩幹」 참조.

92 『公山世乘』 권1, 「墓表」 참조.

93 『廣瀨文集』 권11, 「八代祖軍器寺僉正府君家狀」.

94 『松巖集』 권5, 「遊淸凉山錄」 "薄暮 歸溪堂 入謁先生 先生痰熱俱盛 困於語言

見我曰自淸涼來耶 告以所懷則但頷首而已 留與諸子弟侍側 龜城李參奉碩幹 箕城閔生員應祺汾川李衍樑判事皆會 相與觀脈劑藥 而略無見效 時同侍門庭者 七十餘人 而衆誠未徹 天不降弔."

95 『李碩幹經驗方』(산청의약박물관).

96 활자본의 4권 4책. 현재 서울대학교 규장각에 보관되어 있다. 1790년(정조 14) 함경도관찰사로 부임한 李秉模가 儒醫 李景華에게 편찬을 명하였다. 『廣濟秘笈』 권1, 「中惡」 "又牽牛 舐面上卽活 以醬塗病人面 以牛嗅之卽舐(石澗)"라고 하여 이석간의 처방을 인용하고 있다. 인용서목에도 『이석간방』은 물론 이석간의 처방을 수집한 『東醫聞見方』 등이 보인다.

97 이상현, 2020, 「임진왜란 직후 寶城 朴根孝의 서적 간행 활동」, 『서지학연구』 84, 한국서지학회, 2020.

98 소수박물관, 『(국역)영주삼읍지』, 143쪽 참조.

99 우인수, 2013, 『영덕 청신재 박의장 종가』(예문서원) 참조.

100 『六三聯稿』 권3, 「遺事」.

101 읍지의 풍속조와 관련한 정치적 경향에 대해서는 김지영, 2018, 「禮敎의 가늠자: 조선시대 경상도 지역 지리지 '風俗'조의 검토」, 『규장각』 52 참조.

102 『炊沙先生文集』 권2, 「榮州志序」.

103 『六三聯稿』 권3, 「遺事」.

104 『인조실록』 인조 13년 6월 6일.

105 『계암일록』 병자년(1636, 인조 14) 2월 26일; 『계암일록』 병자년 2월 28일 참조. 金坽(1577~1641)은 특히 박종무의 실천력을 높이 평가하였다.

106 임란 이후 영주 지역의 퇴계학풍 확산에 대해서는 박원재, 「임란기 영주·봉화 지역의 유학과 학맥」, 『국학연구』 31, 한국국학진흥원, 2016 참조.

107 김대현, 『(국역)유연당선생문집』, 한국국학진흥원, 2013; 김태년, 「鶴沙 金

應祖의 생애와 학문」, 『東洋古典硏究』 29, 동양고전학회, 2007 참조. 부친 김대현은 기호학파와 영남학파의 맥을 모두 이어 나갔고 김응조 역시 완전히 퇴계학으로 좌정하지는 않았다. 이후에는 점차 영남 남인의 정체성을 추구하고 있었음은 분명한데, 박종무와의 교류가 영향을 주었을 가능성이 크다.

108 김의환, 「榮州의 書院 현황과 義山書院의 건립」, 『역사와 실학』 36, 역사실학회, 2008 참조.

109 『계암일록』 인조 13년 11월 19일 을해.

110 『계암일록』 인조 17년 3월 5일 기묘.

111 『계암일록』 인조 17년 3월 5일 기묘.

112 『六三聯稿』 권3, 「三樂堂自叙」 "不佞素性迂拙 不喜自耀 深藏退處 若將遺世 所居之室 雖陋如斗 而樂在其中 取東平王爲善 最樂之義 題之曰最樂窩 平生至樂 莫如讀書 故看書之小齋 號以至樂 欽仰朱夫子至樂 銘之意也 古人云 知足者 貧賤亦樂 不佞知足者也 知足常足 終身不辱 故恒處之軒 揭以亦樂 邵康節詩云 直在胸中 貧亦樂意 思亦甚好 兼取此意也 合而名之曰三樂堂."

113 박종무의 스승이었던 蒼石 李埈 역시 상주 의국 存愛院의 창립 멤버였다. 이처럼 16~17세기를 전후로 재지 사족들 가운데 상당 수가 성리학의 위기지학을 실천하는 공공 사업에 동참하고 있었다.

114 박종무의 의국 운영은 『六三聯稿』 권3, 「醫局傳掌立規」 참조.

115 『六三聯稿』 권3, 「醫局傳掌立規」.

116 『六三聯稿』 권3, 「醫局傳掌立規」 "願一倣竹溪志所載白雲洞書院元穀之規 以先納者 充存其本 然後用其所息 每於歲末 元穀準納外 隨其耗穀 已捧之多少 或用唐鄕材貿易 或補於典劑等 遂朔糧料 宜亦可矣 設或値大無之年 如近來 數年之旱 縱未能準捧四百石之實數 而都櫃中恒留木不下數十同 貿藥之用 雖

不待穀數而自可成緒矣 只以勿用見捧之元數 爲意堅持 實簿常如 倉穀之不可用則四百石之數 少無欠縮之時 而局中所用 亦無匱乏之虞矣."

117 『六三聯稿』, 권3, 「醫局傳掌立規」 "後來醫局諸賢 倘留意於活人之方 實用此規而不廢 則於當初鄕父老及地主完議立局之本意 與局中劑藥活人之重事 豈曰小補哉."

## 4. 향당의 공공화

118 16세기 소학 운동의 역사적 의의를 정리한 연구서로는 윤인숙, 『조선 전기의 사림과 소학』, 역사비평사, 2016 참조.

119 이 부분의 서술은 김호, 「慕齋 金安國의 '北學'-'다시, 실학이란 무엇인가?'를 묻는다」, 『한국사론』 70, 서울대학교 국사학과, 2024a을 재정리하여 수록했다.

120 중종반정 및 사림 정치에 대해서는 송웅섭, 「중종대 기묘사림의 구성과 출신배경」, 『한국사론』 45 서울대학교 국사학과, 2021; 송웅섭, 「중종대 사대의식과 유교화의 심화: '『중종의 시대』'의 사대와 유교화에 대한 이해」, 『조선시대사학보』 74, 조선시대사학회, 2015 참조.

121 중종 대 성리학 사회로의 지향을 정리한 책으로 계승범의 『중종의 시대』를 참고할 만하다. 계승범, 『중종의 시대』, 역사비평사, 2014. 저자는 "오랫동안 추구한 공공의 가치가 마침내 실현되었을 때, 그 가치가 활짝 꽃피우지 못하고 오히려 반동적 상황에 직면했던 동서고금 역사의 경험을 되새겨야 한다."라고 비판한다. 충고는 경청할 만하지만, "목욕물이 더럽다고 아이까지 버리는 잘못을 저질러서는 안 된다."라는 오래된 격언 또한 잊어서는 안 된다. 인류가 '공동선'을 위해 노력해왔던 역사를 재삼 음미

할 이유가 충분하기 때문이다.

122 『중종실록』 중종 4년 6월 11일.

123 『중종실록』 중종 4년 6월 12일.

124 『중종실록』 중종 4년 6월 27일.

125 『慕齋集』 권9, 「下禮曹崇小學傳旨」.

126 『記言』 권26, 「慕齋金先生行狀」.

127 선산[구미]의 松堂 朴英(1471~1540)은 1518년(중종 13)에 지은 「백록동규해」를 통해, 도학 실천에 대한 중종의 의지가 매우 강하다고 밝혔다. 중종께서 사방의 학문하는 선비들을 위하여 주희의 白鹿洞規를 뽑아 향교에 게시하도록 했으니 뜻있는 자는 마음에 새기고 힘써야 한다는 것이다 (『松堂集』 권1, 「白鹿洞規解」 "聖上念四方爲學之士 拈出朱文公之規 揭于儒林 若有志者 其可不心得乎 正德戊寅春 燈下翁書.").

128 『慕齋集』 권8, 「次謁先聖示諸生韻」 "聖遠言湮鶩衆家 劫遺敦實尙浮華 縱經濂洛淵源正 尙被隋唐利祿遮 大道揭天昭日月 斯文行世若絲麻 箕封最服漸東化 爲報皇華庶不遐."

129 『慕齋集』 권1, 「勸安東學者」 "程朱之敎到吾東 數百年來罕躞蹤 天意故令開聖主 海隅無不被文風 南州本號英豪藪 北學誰爲性理宗 珍重諸生除舊習 須從小學着新功."

130 『중종실록』 중종 13년 4월 1일. 김안국은 중종에게 경상도 각지를 순행한 결과 경상도의 인심과 풍속이 퇴폐하여 형언할 수 없다고 보고했다.

131 김안국의 권학시에 대해서는 조영린, 「모재 김안국의 교화시 일고찰」, 『大東漢文學』 38, 대동한문학회, 2013; 조영린, 「김안국의 "勸小學詩"에 나타난 교육관 연구」, 『한자한문교육』 34, 한자한문교육학회, 2014 참조.

132 『慕齋集』 권1, 「勸居昌學者」.

133 『慕齋集』 권1, 「勸南海學徒」.
134 『慕齋集』 권1, 「勸咸安學者」.
135 『慕齋集』 권1, 「勸示東萊學者」.
136 『慕齋集』 권1, 「勸示宜寧學者」.
137 『慕齋集』 권1, 「勸示巨濟學者」.
138 『慕齋集』 권1, 「勸示龍宮學者」 "七十南州已遍巡 常將小學勸人人 誠能各盡 修行力 風化何憂不到淳."
139 『慕齋集』 권1, 「勸星州學徒」.
140 『慕齋集』 권1, 「勸示昌原學者」.
141 『慕齋集』 권1, 「勸昆陽學徒」.
142 『慕齋集』 권1, 「勸泗川學徒」.
143 『慕齋集』 권1, 「勸漆原學徒」.
144 『慕齋集』 권1, 「勸安陰學者」.
145 『慕齋集』 권1, 「勸咸陽學者」.
146 『慕齋集』 권1, 「勸示奉化學者」.
147 김훈식, 「조선전기 윤리서 보급의 변화」, 『코기토』 81, 부산대학교 인문학연구소, 2017 참조.
148 가령 조선의 재지 사족들은 지방의 공공 의국 운영에 참여함으로써 관직에 나가지 않고서도 향촌에서 위기지학을 실천할 수 있었다. 김호, 「환난상휼의 실천, 16·17세기 향촌 사족들의 지방 의국 운영」, 『역사와 현실』 127, 역사실학회, 2023b; 김호, 「'향당鄕黨의 공공화', 상주 사족의 존애원 설립과 유의 성람」, 『人文論叢』 80(2), 서울대학교 인문학연구원, 2023a.
149 최근 중국의 인류학자 샹바오는 현대(중국)의 사회적 문제를 해결할 답

안으로 '방법으로서의 향신鄕紳', 즉 '향신의 위기지학'을 강조한 바 있다. 샹뱌오, 『주변의 상실: 방법으로서의 자기』, 김유익 외 옮김, 글항아리, 2022. 오늘날 한국에서 '이륜二輪의 실학'을 재고할 만한 가치는 충분하다.

150 『木溪逸稿』 권1, 「二倫行實圖序」 "諺解正俗諺解呂氏鄕約 正鄕俗也"

151 백두현, 「훈민정음을 활용한 조선시대의 인민 통치」, 『진단학보』 108, 진단학회, 2009.

152 『正俗諺解』 「恤隣里」 (서울대학교 규장학한국학연구원 (가람고170-G413j)).

153 『正俗諺解』 「賑飢荒」.

154 『正俗諺解』 「積陰德」.

155 『慕齋集』 권10, 「朴漢老咸敬忠字說」 가령 함경도의 길주에서 김안국을 찾아 공부를 청했던 박한로 등이 그러하다. 김안국은 이들에게 함경도에는 사장학 조차 없는 곳이지만 열심히 공부하여 지역의 문풍을 일으키도록 당부했다. 한편, 경상감사 시절에 김안국은 미천한 신분의 여형과 교류했는데 이후 이천에 은거한 김안국을 방문하여 학문을 논했다(『慕齋先生集』 권4 「贈呂衡」). 이외 전라감사 시절 효자로 추천했던 난쇠 역시 여주에 머물던 김안국을 찾아오기도 했다(『慕齋先生集』 권4, 「贈孝子難金」).

156 『慕齋集』 권12, 「通訓大夫定州牧使安州鎭管兵馬同僉節制使梁侯墓碣銘」.

157 『慕齋集』 권11, 「利川重修鄕校記」 "爲治有二 養與敎而已 養而不敎則民生蠢蠢 徒知飽煖血氣之欲 不知天理彝倫之重 利害所在 有不恤其禮義之爲何物 紿兄誶母 無所不至 弱肉强呑 爲奸爲亂 雖有養之之具 有不得其養者矣."

158 『慕齋集』 권11, 「利川重修鄕校記」 "敎而不養 則仰事俯育之無具 將救死猶恐不贍 何暇於禮義哉 故在古盛時 敎養兩重 未嘗偏務 至世道衰 養之之政有不以爲意者 況敎云乎哉 蓋有能養者矣 亦未知敎之所以爲急 宜乎治日常少 而民不蒙其澤也."

159 『慕齋集』 권11, 「利川重修鄉校記」 "漢唐以來 敎之之法 不爲不具 國有學 鄉有校 其訓誨課勸貢選之目 代有規制 而學問之粹駁 彝倫之敍敦 人材之盛乏 有不同焉者 何也 居君師之責 宗主導率而鼓舞作興之者 不致誠焉 則法雖詳具焉而已矣 爲上者誠以唱之 而下而司其職者 不盡其心以奉之 則法亦不能徒行矣."

160 『慕齋集』 권11, 「利川重修鄉校記」 "爲上者唱之誠 爲下者奉之盡其心 而師不能詔以古者修己治人明體適用之正學 而士亦不能審擇術以務切實之學 則亦終於聲名利祿記誦詞章之歸而止耳 在鄉無厚倫成俗之盆 躋仕無致君澤民之望 悠悠貿貿 苟圖身利 豈國家設學教育之本意哉 敎學之興 有此三難焉 稀代而罕聞 固無足怪也."

161 『陽村集』 권14, 「利川新置鄉校記」.

162 『慕齋集』 권11, 「利川重修鄉校記」 "又所謂一難者 將不在諸生乎 諸生歸取聖賢之遺訓而熟讀之 一其志 審其趣向 以從事於學問思辨篤行之間 爲己而不爲人 藏器而待時 其處也足以範俗而裨化 及夫歌鹿鳴而造于朝也 推吾之素所學 左右吾君 展之於經綸事業之中 足以康濟一世而垂休竹帛 豈不華然與古之名世者埒哉 若夫因陋守舊 徒區區於記誦詞章之習 以規取聲名利祿 榮一身育妻孥而已 則固非吾君與吾侯興勸育養之意 而亦非吾之所敢知也."

163 『慕齋集』 권11, 「陽城縣重修鄉校記」 "是邑之爲師爲生者 亦能承侯之用心 訓誨有方而不惰於勸率 學習日就而砥礪其節行 不徒事乎訓詁詞章之末 而期於弘毅遠大之域 孝悌修於家 忠恪著于朝 以副聖代作育右文之盛意 尤有望於將來也."

164 『慕齋集』 권11, 「公州重修鄉校記」 "或有謹奉禮令 一備規制者 或有苟具名物 未能完擧者 或有全然鹵莽 墮廢不修者 或有儀制修擧 而教育無實者 或有教育頗勤 而導尚失真者 小邑殘縣 固無足道 通都大邑 牧守皆諳練達才 國家興運文治 又已百有餘年之久 於學教之事 宜若無有憾者 而因仍苟且 尚循舊

陋者 亦或有焉 豈不有欠於 聖朝右文崇化之理乎."

165 『중종실록』 중종 9년 3월 12일.
166 『慕齋集』 권11, 「公州重修鄕校記」 "皆不出乎彝倫 日用之中孝悌忠信之道 究尋聖經賢傳之旨 而體之于身 (중략) 其學之極 則又能窮天地古今之變 盡 道德性命之理 (중략) 處而在鄕 則足以陶薰風俗而範表黨閭 出而經世 則足 以黼黻王化而康濟斯世 由學之之道得其實而爲效若此也."
167 『慕齋集』 권11, 「陽城縣重修鄕校記」 "學之設 所以敷敎化 明彝倫 作人材 懿風俗 實王政之本也 卽其學之修廢 可以觀致治之隆替 國祚之興衰矣 三代 盛時 爲法大備 國學術序黨庠家塾之制 達于天下 後世苟遵而守之 由百世可 至萬世而長治矣 豈有廢興存亡之故哉."
168 『慕齋集』 권3, 「癸卯春帖」.
169 『藥稧仙案』 「藥稧立議」 "人之有疾病 固所難免 古昔聖人制爲醫藥 以濟其夭 死 其來尙矣 惟我江陵一府僻在嶺外 無醫無藥 凡疾病之至 雖孝子之於其親 未免束手 待天命而已 他何暇論? 今玆藥局之立 原爲活人命而設也 凡我同 志可不勗哉 기설국범례재어좌방 황명만력기원지삼십일년 계묘 계동 순유 칠일지(1603년 선조 36)" 방동인 편, 『嶺東地方鄕土史硏究資料叢書(一)』, 관동대학교출판부, 1996 수록.

## 5. 강릉 약국과 사족의 공공 활동

170 이규대, 1988, 앞의 글.
171 『藥稧仙案』 「凡例」 "此稧之說 原爲治療疾病 以濟其夭札 稧外或爲親癠 或 爲己病 或有意於濟生者 追入不妨."
172 『藥稧仙案』 「凡例」 "年少生徒等 告官除他役 永屬局中 以責傳習之效."

173 『藥稧仙案』「凡例」"醫官及醫生若干庫直等料食 藥價有剩之後 量宜題給."
174 1108년 송 휘종徽宗이 간행한『대관경사증류비급본초大觀經史證類備急本草』를 말한다.
175 명나라 우단虞搏이 1515년에 지은 종합의서, 8권으로 조선 의학자들의 필수 서적이었으며『동의보감』편찬에 많은 영향을 끼쳤다.
176 『태평혜민화제국방太平惠民和劑局方』으로 송나라 태의국太醫局에서 편찬했다.
177 『藥稧仙案』「凡例」"治病採藥必修方書 如本草正傳和劑等 及他方書 求於有處 置諸局中 此地無則求於京城以來."
178 『藥稧仙案』「凡例」"局中方書 毋借他人爲乎矣 其中東醫寶鑑乙良 一切勿入他手而若違令出去 則次知有司從重論罰事."
179 『신증동국여지승람』권44 강원도「江陵大都護府」참조.
180 『增修臨瀛誌』「進供藥材」; 강릉의 약재 진상 내역은 박도식,『강릉을 담은 역사와 문화』, 태학사, 2017, 209-210쪽 참조.
181 『藥稧仙案』「凡例」"此地所產藥材 幾至百餘種 趂節採取 毋令失時 採取之日 稧中之人 各出壯奴一名 稟於局中 某藥則某人採取 採訖來納于局中 以多爲限(方伯前及隣邑 亦爲呈文收合)."
182 『藥稧仙案』「凡例」"唐材及土地不產之藥 必修貿來 其價則先於各里收出米斗 以爲價本 其後則收儲藥價米 以資貿用."
183 『藥稧仙案』「凡例」"五縣及各面有司 稧長及有司 同議差出."
184 『藥稧仙案』「凡例」"府給藥田 令庫直藥干等 及時種治各種藥材."
185 김영나,「18세기 영주 제민루 소속 노비의 모습」,『영남학』85, 경북대학교 영남문화연구원, 2023 참조.
186 『藥稧仙案』「凡例」"府定藥干庫直等 毋得那移 有頉則擇根幹有實人 卽速充定 考其勤慢 有司告稧長罰治."

187 『藥稧仙案』「凡例」"稧中人得唐鄉材者 一切送于局中 稧外人願納者 亦受之納 某材願換生熟 某藥准價乃許(唐材則必納 人蔘換之 稧員則毋過五分 稧外則三分)."

188 『藥稧仙案』「凡例」"稧長有司差出時 稧中人與鄉所同議備望 告于府官 定頉施行."

189 『藥稧仙案』「凡例」"稧長則推鄉長尊者二人恒定 有司四人擇根幹者 二人逐年輪回 專掌貿買出納收儲等事 鄉所一人 例兼檢飭 在京人一員 專掌唐材及此地不產藥貿聚事."

190 『藥稧仙案』「凡例」"凡稧長有司不從約條 濫費藥材及私用局中之物者 遞任後生徵論罰(局中下人 本局公事外 稧長有司 毋得以私事 任意使喚)."

191 『藥稧仙案』「凡例」"藥帖紙則以局儲米布 隨便貿用."

192 『藥稧仙案』「凡例」"藥枰藥櫃夾刀 凡一應所需之物 隨力收合 破毀則改備 遺失者當徵."

193 『藥稧仙案』「凡例」"在京人一員 專掌唐材及此地不產藥 貿聚事."

194 김호, 『허준평전』, 2024, 민음사.

195 『藥稧仙案』「凡例」"在京人一員 專掌唐材及此地不產藥 貿聚事 (중략) 貿易之價 每年正至使臣處 親往懇囑."

196 『藥稧仙案』「凡例」"鄉局藥價之貴 雖在平時 比京中倍蓰 而今則唐路阻隔 貿得尤難 凡材之貴 十倍於前日是乙等 典賣收價等事乙 不可如前輕忽是去乙 在前始叱求藥之人病焉稱云 間或有不給元價而經先劑去者 甚至於終不償債 局儲不敷 末必不惟於此 誠非細庫是昆 自今以後 不持價救藥者 一切不給事乙更良 完議申明立規爲去乎 各其依新規擧行爲㫆."

197 『藥稧仙案』「凡例」"劑藥生徒等 若或拘於人情 㤼於彼怒 不從此規而任意劑給 則未捧之價 當徵於次知生徒爲齊."

198 『藥禊仙案』「凡例」 "局中長利段置 受食之人 累年不償 多至十餘石者 比比有之 本局號令 萬無收徵之努 極爲痛惋爲昆 自今以後 不償甚者乙良 官告其名 移錄還上爲齊."
199 『藥禊仙案』「凡例」 "生熟地黃 倣攷事撮要所載之價 折量加一倍(禊員則依攷事撮要藥價) 不得濫費 一服禊中人親瘠及 禊長有司 逐月各一服外 其餘則依他納價 貿用未納價前取用者 一切勿聽 雖府官二三服外 依他受價."
200 『藥禊仙案』「凡例」 "設局後 財用有裕 則依此條施行 材用未敷之 先則府官禊員亦納價取用 而依撮要加一倍數."
201 『藥禊仙案』「凡例」 "當初禊令內 禊中人親病及禊長有司 逐月各一服 其餘則依他納價 亦爲有矣 若一從此規則禊中之人 或當身病患 不得劑用 殊無禊議 今後乙良 禊中之人 若有當身病患及妻子病患 則一年劑給五服 而過此則依他納價爲旅 其中若自以爲應用妄料而移給他人則出禊事."
202 1648년 수정된 강릉 약국의 규약은 1691년(신미)까지 지속되지만 이후에는 유지가 어려웠던 것으로 보인다. 1691년 약국계 유사였던 강릉최씨 최응겸崔應謙(1634~?)은 강릉 재지 사족들의 모임인 『임영족회(1670년)』에 초관哨官으로 기록되어 있다. 무과로 출신한 그는 종3품 무직을 역임했던 강릉의 재지 사족이었다. 강릉의 재직 사족에 대해서는 임호민, 「조선시대 향촌조직 결성의 양상과 추이 고찰-강릉지방의 사례를 중심으로」, 『강원사학』 27, 강원사학회, 2015; 임호민, 「조선시대 강릉지역 사족 結社 구성과 의미」, 『인문학논총』 36, 명지대학교 인문과학연구소, 2013 참조.
203 심언광에 대한 정리는 박도식, 「어촌 심언광의 생애와 경세론」, 『임영문화』 31, 강릉문화원, 2007 참조.
204 이들 후손들은 현재 강릉시의 회산동과 운정동에 주로 집성촌을 형성하여 거주하고 있다.

205 『중종실록』 중종 31년 1월 6일(임술).
206 이상 심언광에 대한 논의는 박도식, 『강릉의 동족마을』, 채륜, 2013, 250-267쪽 참조.
207 『惺所覆瓿藁』 권17, 「承政院右承旨-朴公墓表」.
208 송웅섭, 「사재 김정국의 교유관계와 기묘사림 내에서의 위치」 『동국사학』 63, 동국역사문화연구소, 2017 참조.
209 심장원에 대한 설명은 박도식, 「강릉과 율곡과의 관계」, 『栗谷思想研究』 18, 율곡연구원 2009 참조.
210 『惺所覆瓿藁』 권17, 「進士沈兄墓表」.
211 『愚伏集』 권15, 「臨瀛館族會帖跋」 "萬曆乙卯(1615)秋 (중략) 經世吏于玆三年矣 常愛其民恂恂然好善也 且悅相公之德見敬於族人如是也 承命不辭而樂爲之語云 具官鄭經世謹跋."
212 『愚伏集』 권2, 「江陵士子輩各出米斗 以書來問訊 其意甚勤 以短律謝之」.
213 『愚伏集』 권14, 「榜諭江陵一鄕文-癸丑(1613)」.
214 『愚伏集』 권14, 「榜諭江陵一鄕文-癸丑(1613)」.
215 『愚伏集』 권13, 「與庠中居接士子-甲寅(1614)在江陵」.

## 6. 상주 의국 존애원存愛院

216 『商山誌』(서울대학교 규장각한국학연구원 소장본, 古4790-31)는 1617년 상주 출신의 창석蒼石 이준李埈(1560~1635)이 찬술한 것을 1749년 청대淸臺 권상일權相一(1679~1759)이 증보했다가 1832년 모구慕搆 조술립趙述立(1791~1870) 등에 의하여 다시 한번 더 증보되었다. 일반적으로 이준의 편찬본을 〈창석본〉, 권상일의 증보판을 〈청대본〉으로 일컫는다.

217 한기문, 「조선후기 상주 존애원 설치의 배경과 의의」, 『상주문화연구』 10, 2000; 권태을, 「상주 존애원 관련 시 소고」, 『상주문화연구』 10, 2000. 이후 2005년 권태을의 주도로 『존애원』 관련 단행본이 출간되었고, 최근 존애원을 둘러싼 향촌 사족의 역할을 강조하는 몇 편의 논문이 나와 참고 할만하다. 우인수, 「조선후기 상주 존애원의 설립과 의료 기능」, 『대구사학』 104, 대구사학회, 2011; 김형수, 「임란직후 상주 지역질서의 재편과 존애원」, 『국학연구』 30, 한국국학진흥원, 2016; 최은주, 「월간 이전·창석 이준 형제의 전쟁체험과 애민정신, 그리고 존애원」, 『국학연구』 30, 한국국학진흥원, 2016 참조.

218 존애원 운영에 깊이 관여되었던 낙사계와 상주 사족들의 역사에 대해서는 권태을, 2007, 앞의 책, 117-187쪽.

219 『상산지』(청대본) 「公署」 "醫局-在南門外 本趙成姜洪朴金李全八家 設稧創建 中間官家給復戶與藥種爲官局 而八家子弟爲任主管 今廢."

220 류성룡의 문인들, 특히 사회적 실천을 중시한 이들이 존애원 설립에 적극적으로 나섰던 점을 주목할 필요가 있다. 김명자, 「임진왜란 이후 柳成龍과 그의 문인들의 의료 활동과 그 의미」, 『민족문화논총』 70, 영남대학교 민족문화연구소, 2018.

221 『蒼石集』 권13, 「存愛院記」.

222 정경세는 1602년(선조 35) 봄 좌승지의 부름을 받았으나 관직에 나가지 않고 동지들과 함께 존애원 의국을 창건하여 의료 혜택의 확산에 노력했다(『蒼石集』 권18, 「贈崇政大夫議政府左贊成兼判義禁府事世子二師行正憲大夫吏曹判書兼知經筵義禁府春秋館成均館事弘文館大提學藝文館大提學世子左賓客鄭公行狀" "壬寅春 拜左承旨禮曹參議 皆不赴 時公家食將二稔矣 乃與同志相議曰 維摩詰非有位者也 而能視人之病猶己之病 吾徒皆有志澤物

獨不念康濟同胞耶 遂各出錢設醫局 取其息貿材料 隨病投藥 取先儒存心愛物語 名其局曰存愛院 其陰德之及物者廣矣").

223 강응철은 1602년 봄, 정경세와 이전 등과 함께 재물을 갹출하여 默巖에 존애원을 건립했다고 기록했다(『南溪集』 「南溪先生年譜」 "壬寅春 始剏存愛院 先生與愚蒼諸先生相議 遂各出物 設醫局于默巖 取存心愛物 語名其局曰存愛"). 한편 김광두는 존애원의 건립 연도를 1607년으로 기록했다(『一默齋集』 권2, 「年譜」 "丁未 萬曆三十五年 先生四十六歲 與社中諸賢 議建存愛堂 先生與宋愚谷尹希菴鄭愚伏李月潤蒼石金愚淵諸公 合議以建而存愛之號 蓋取程夫子存心愛物之義也").

224 임진왜란 전후 상주 사족들의 동향에 대해서는 정진영, 「임란 전후 상주지방 사족의 동향」, 『조선시대 향촌사회사』, 한길사, 1988 참조.

225 소수서원의 창립 과정에 대해서는 정순우, 「소수서원의 창설 과정과 그 성격」, 『서원의 사회사』, 태학사, 2013.

226 『武陵雜稿』 권7, 「豊基移建學校記」.

227 『武陵雜稿』 권5, 「答黃學正仲擧」 "此吾之於竹溪 所以立廟院置田書 雖被世俗笑侮 而不暇顧也."

228 『武陵雜稿』 권6, 「告豊基父老敦諭小民文」.

229 주세붕은 교화를 위해 관료 시절 지방민의 의전에 관의 전답을 제공하거나(『武陵雜稿』 권1, 「義田」), 백운동 서원(1541년)은 물론 황해도 관찰사 시절(1549년) 해주에 수양서원首陽書院을 세우기도 했다.

230 『武陵雜稿』 권8, 「竹溪志學田錄跋」.

231 백운동서원(이후 소수서원에 이르기까지)을 지나치게 '사립'의 차원에서만 접근해서는 안 되는 이유이다(허권수, 앞의 논문, 2022).

232 대표적인 인물로 김안국·김정국 형제를 꼽을 수 있다. 16세기 중·후반 성

리학의 지방 확산은 향촌 사족들의 도학 실천뿐 아니라 지방관으로 부임한 관료들의 역할이 매우 컸다. 송웅섭,「사재 김정국의 교유관계와 기묘사림 내에서의 위치」,『동국사학』63, 동국역사문화연구소, 2017; 김호,「'權道'의 성리학자 김정국,『경민편』의 역사적 의의」,『동국사학』63, 동국역사문화연구소, 2017. 가령, 김안국은 1517년 경상도 관찰사에 부임하여 행실도를 배포하고, 관내의 향교에 성리학을 권장하는 시문을 걸어 놓게 했다. 김시황,「모재 김안국선생 權小學詩 연구」,『동방한문학』11, 동방한문학회, 1995; 김호,「모재 김안국의 北學」,『한국사론』70, 서울대학교 국사학과, 2024.

233 『悔堂集』권2,「上愼齋周先生-乙巳(1546)」.

234 『武陵雜稿』권7,「尙州留鄕座目序」.

235 『商山鄕彦錄』上卷「跋文」(오세창 외,『嶺南鄕約資料集成』, 영남대출판부, 1986.) "未知公何所據而乃云耶以一時之謬見而歸一邑於無人 卽所未喩且吾於是 而又有所嘆惜焉者 (중략) 鄕人 前弘文館校理 李埈 跋."

236 『愚伏集』권15,「尙州鄕案錄序」.

237 상주박물관 편,『낙사휘찬-낙양의 역사를 모아서 편찬하다』, 민속원, 2015. 상주의 옛 이름은 낙양이었다. 따라서 '洛/社'란 곧 '상주 사회(공동체)'를 의미했다.

238 『愚伏集』권15,「洛社合禊序-己亥(1599)」.

239 1566년, 우곡 송량은 노기·정국성·김각 등 사주 사족들과 함께 낙사계 洛社稧를 조직했으며, 1598년 우곡정사 愚谷精舍를 세워 후진을 양성했다. 1606년에는 김각, 정경세, 조정, 이전, 이준, 김광두 등과 상주의 도남서원 道南書院을 창설하는 등 교육사업에 앞장섰다. 한희숙,「17세기 여산송씨 우곡 송량의 가계와 사회적 위상」,『한국계보연구』8, 한국계보연구

회, 2018. 그는 영남은 물론 기호계 학자들과도 활발하게 교류하여 후일 기호 출신의 성람이 존애원에 유의로 참여하는 토대를 마련했다. 이구의, 「우곡 송량의 문학에 나타난 지향의식」 『한국사상과 문화』 64, 한국사상문화학회, 2012.

240 『愚谷集』 권1, 「洛社稧條約序」 "竊性東方 自箕子受封 禮樂文物 侔擬中華 逮我聖朝 文明治敎 庶幾復跡 三代之盛 而鄕黨州閭 莫不有學 使黎民知所依歸 相勸以進 德謹行者 欲講明先王之禮樂也 世遠敎弛 氣數日就於陵替 士習一趨於名利 豈不寒心哉 惟我同志之人 立社定約 莫不有感於聖朝培養之化 則願勿置心於古今異宜而自甘頹墮 相與救俗化今 庶幾有補於風俗之萬一云."

241 『愚谷集』 권1, 「附社條中條約」.

242 『선조실록』 선조 38년 4월 8일 임자.

243 『선조실록』 선조 29년 2월 9일 병오.

244 『愚伏集』 권15, 「石川慶壽詩序」 "所謂揚名 非銘彝勒鼎之謂也 敬勝怠 義勝慾 以淑愼其身 使人稱之曰君子之子 則爲親榮大矣 願以是爲三子者勖之 萬曆己酉七月日序."

245 『愚伏集』 권16, 「祭尹希庵-璛-文(壬子)」 무인년(1578)의 계원으로 교제하면서 詩와 禮를 배웠다고 기억했다.

246 『愚伏集』 권15, 「菊圃記」.

247 『愚伏先生別集』 권1, 「尹希庵挽詞」.

248 우인수, 「愚伏 鄭經世의 정치사회적 위상과 현실대응」, 『퇴계학과 유교문화』 49, 경북대학교퇴계연구소, 2011.

249 『愚伏集』 권13, 「與庠中居接士子-甲寅在江陵」.

250 『愚伏集』 권10, 「答李叔平-甲子(1624)」.

251 『愚伏集』 권1, 「次韻寄李叔平-辛丑(1601)」 "塵間安得賞音人."

252 『蒼石集』 권18, 「贈崇政大夫, 議政府左贊成兼判義禁府事, 世子二師 行正憲大夫, 吏曹判書兼知經筵, 義禁府, 春秋館, 成均館事 弘文館大提學, 藝文館大提學, 世子左賓客鄭公行狀」.

253 강응철에 대해서는 이구의, 「尙州 淵嶽書院과 九曲文化」, 『민족문화논총』 81, 영남대학교 민족문화연구소, 2022 참조. 『우복집』 권1, 「月夜與李叔平昆仲成士悅康明甫諸人講話 叔平出一絶 各次韻」.

254 『愚伏集』 권14, 「金守初字辭-幷序」.

255 『愚伏集』 권15, 「一默齋記」.

256 『立齋集』 권47, 「成均進士一默齋金公行狀」.

257 성람을 위시한 창녕 성씨의 상주 정착에 대해서는 채광수 외, 「창녕성씨 聽竹公派의 상주 정착과 노론계 院宇 건립 활동」, 『조선시대사학보』 79, 조선시대사학회, 2016.

258 『浦渚先生集』 권32, 「茂朱縣監成公墓碣銘」.

259 『苟全先生文集』 권3, 「輓成士悅」, "夏山韻姓商山老 翠麓城西白屋居 歸去當年彭澤比 清貧半世櫟陽如 醫邦手屈醫人妙 種杏林成種德餘 風味書紳吾已久 題哀不耐淚盈裾."

260 『浦渚先生集』 권1, 「哭成茂朱-浹」, "平生濟人志 反托醫方施 所活幾千人 范老誠一規 道尊人莫知 但知深於醫."

261 『우복집』 권16, 「祭成士悅文-庚申」 "余與子知 今四十春."

262 『우복집』 권16, 「祭成士悅文-庚申」 "藥院西樑 落月長明 蓮池細泉 環佩鏘鳴 想君風神 思君話言 如在而亡 曷其可諼."

263 상주 낙사계 사족에 대해서는 송석현, 「17세기 상주지역 사족의 동향」, 『嶺南學』 27, 경북대학교 영남문화연구원, 2015; 김도완, 「尙州 洛社契의 存愛院 설립과 운영」, 안동대학교 석사학위논문, 2018 참조.

264 『우복집』 권15, 「書崔大容社倉約條後」.

265 『西溪集』 권2, 「靑衿錄序(1664)」.

266 『牧民心書』 권7, 禮典6六條 「敎民」.

267 『西溪集』 권2, 「與存愛院諸儒書」.

268 제민루 의이이나 강릉 약국계 공히 藥債를 지불하지 않은 경우 엄중한 처벌 규칙을 만들어 두었다. 모두 의국 운영의 원활한 유지를 위해서였다.

269 영남의 향전에 대해서는 김준형, 「조선후기 영남지역 향전의 분석」, 『남명학연구』 43, 경상대학교 남명학연구소, 2014 참조.

270 『일성록』 정조 6년 3월 8일; 『일성록』 6월 10일.

271 『일성록』 1782년 6월 10일. 당시 윤득성의 무고는 서자들의 계원 자격을 박탈하거나 향소 직임을 금지하던 상주 사족들의 풍속과 관련이 있었다. 서얼 허통 정책을 펼쳤던 정조는 상주의 사족들을 처벌하는 대신 '대계大契'로 화합하도록 명령했다. 권태을 외, 『존애원지』, 문창사, 2007, 194쪽.

272 『洛社彙纂』「存愛院事蹟」, "洪惟我莊孝大王丁巳年中 西皐李公諱堈初諱瑛 以抄啓文臣 供職霜臺 中夜 命抄入侍 下詢存洛兩所事蹟 時則有尹姓人 誣告之會也 從實登對事須無實 則因命進案帖 睿覽後 傳曰 大哉此稧吾當入之 王言鼎重 改稱大稧噫 斯人也 以鄕曲寒族 會不同於玆事 又以見侮於衆中 思欲一洗 潛竊時到 做此無據 蛮固甚矣 今於修正時案 自不禁前王不忘之歎 且以頌斯稧惟新之感 遂書其槪 重言其改名之由耳 甲午至日."

273 『存愛院新修事蹟』「存愛院新修事蹟序」, "再去壬寅逢誣告變 (중략) 其後則 尙不釐正 纂錄踈 忽看過 衆人事無恒 更若因置 而無端緒 又過幾年 無徵士子 從遊之所 便同村家明善."; 같은 글, "此堂始起於萬曆壬寅 重修於純廟辛未 治葺於當宁丙戌 凡二百八十五年之間 無片言集字者 再去壬寅逢誣告變 讞案及如于文蹟 盡入於京營邑査卞之中."

274 『存愛院新修事蹟』「完義文」 "本所粤自壬寅經慟以後 財穀蕩竭 餘存只數斗 沓庫而已 故撤去藥旁 捲除會集 而猶難挑備封七十歲義爲五十八年久矣." 권태을 외, 『존애원지』, 문창사, 2007, 320쪽.

275 우인수, 2011, 앞의 글 참조.

276 1886년의 「존애원중수기」를 보면, '다락과 창호, 지붕과 기둥이 모두 무너지고 약고藥庫가 비어 쥐가 드나들며, 돈과 곡식은 모두 말라버린' 회복 불가의 상태였다(『存愛院新修事蹟』「存愛院重修記」, "喬木高樓 月戶風牕 傾頹瓦礎 藥壑虛庫 蠹經鼠閱 凋殘錢穀.").

277 조선 사회가 점차 이익을 다투는 풍속으로 물드는데 우려를 표한 지식인들도 함께 늘었다. 김호, 「존재 위백규의 향촌 교화」, 『한국학』 37(1), 한국학중앙연구원, 2014.

## 7. 곤경에 처한 공공성

278 『磻溪隨錄』 권10, 敎選之制(下) 「諸學選制附」 "按醫學有邑之不可無 國制郡縣亦有醫生 而例以賤隷輩充定 凡進貢藥材之類 例責於醫生 官中使喚 一同官奴 日憂笞臀之不暇 況望其治文業醫乎."

279 『磻溪隨錄』 권10, 敎選之制(下) 「諸學選制附」 "中國州縣各置醫師之官 然想其事勢 未必眞得知醫之人 不過如今各道審藥而已也 蓋量今事體 郡邑不必別立醫學 只如右立制 以待其人 無其人則闕之爲可 如此則人知醫術之可學 疾病者得有所賴 而其中或有眞醫之出矣."

280 『磻溪隨錄』 補遺 권1, 「郡縣制」 ① 各邑 皆令置醫局 勸諭各鄕人士 建設醫局 如今藥契之爲 而許給立局地一頃 蠲免稅兵[其頃內造局外餘地 戶役或稅 皆自本局主之] ② 縣立局一所 郡二所 府三所 都護府大府四所 ③ 若欲設局 而無財本者 許狀告本官 量貸常平米穀 限十年內 償其原數 ④ 又令列邑 皆

置醫局 復地給丁以勸興之 庶乎其實有益也 然此是興起醫學 惠濟萬民之意 不可以公貢等事一毫侵 及守令當知此意.

281　김호, 2018, 앞의 논문; 김호, 2023, 앞의 논문 참조.

282　'공유지의 비극'은 동서고금의 역사상 조금씩 다른 양상을 띠고 나타나고 이를 해결하기 위한 다양한 모색들이 있었을만큼 사회[공동체]를 유지하기 위한 중요한 문제였다. 공유의 비극을 막기 위한 다양한 제도 개선과 모색에 대해서는 엘리너 오스트롬, 『공유의 비극을 넘어』, 윤홍근 옮김, 랜덤하우스코리아, 2010 참조.

283　계의 목적은 계원들의 사적 부조에 있었지만, '계'의 취지를 주자의 향약과 결합시키면 곧바로 환난상휼을 위한 제도로 전환되었다. 17세기 보성의 사족 박사형朴士亨(1635~1706)은 '계'를 길흉의 애경사에 부조하는 모임 정도로 생각하는 당시의 풍속을 비판하고, 오랜 전통의 계모임을 향촌의 인후한 풍속과 예양禮讓의 기풍을 만드는 조직으로 발전시켜야 한다고 강조했다. 주자의 '약約'이나 전통의 '계契'는 서로 유래가 달라도 본의는 동일하다는 주장이었다. 청광자 박사형에 대해서는, 문재환, 「17세기 후반 寶城士人의 향촌안정책과 의의」, 순천대학교 석사학위논문, 2015 참조.

284　이를 두고 지배계층의 이익을 위한 향촌 통제책이었다고 평가절하할 이유는 없다. 정진영, 「조선시대 재지사족층의 향촌자치에 대한 몇 가지 소견」, 『주민자치』 57, 한국자치학회, 2016; 정진영, 「사족과 농민-대립과 갈등, 그리고 상호 의존적 호혜관계」, 『조선시대사학회』 73, 조선시대사학회, 2015.

285　본고에서 논한 제민루, 강릉 약국, 존애원 이외에 충청 및 전라 지역의 의국과 재지 사족들의 활동에 대해서는 김호, 「환난상휼의 실천, 16~17세기 향촌 사족들의 지방 의국 운용」, 『역사와 현실』 127, 역사실학회, 2023b 참조.

286　한병철, 『피로사회』, 김태환 옮김, 문학과지성사, 2012.

◈ 참고문헌

## 1. 자료

『溪巖日錄』.

『公山世乘』.

『廣瀨文集』.

『廣濟秘笈』.

『苟全先生文集』.

『菊堂先生遺稿』.

『記言』.

『南溪集』.

『內醫院式例』.

『六三聯稿』.

『李碩幹經驗方』.

『立齋集』.

『慕齋集』.

『木溪逸稿』.

『牧民心書』.

『武陵雜稿』.

『磻溪隨錄』.

『栢谷先生集』.

『別洞先生集』.

『瓶山先生文集』.

『三松先生逸稿』.

『商山誌』.

『西厓集』.

『惺所覆瓿藁』.

『嘯皐先生文集』.

『松堂集』.

『松巖集』.

『新增東國輿地勝覽』.

『陽村集』.

『諺解臘藥症治方』.

『榮州三邑誌』.

『愚谷集』.

『愚伏集』.

『西溪集』.

『伊山入院錄』.

『日省錄』.

『雜物秩不忘記』.

『正俗諺解』.

『濟民樓志』.

『蒼石集』.

『冲齋先生文集』.

『炊沙先生文集』.

『緇門警訓』.

『治腫方』.

『退溪先生文集外集』.

『退溪先生文集』.

『浦渚先生集』.

『鶴峯先生文集續集』.

『虛白亭文集』.

『悔堂集』.


## 2. 단행본

계승범, 『중종의 시대』, 역사비평사, 2014.

권태을 외, 『존애원지』, 문창사, 2007.

근대사연구회, 『한국중세사회 해체기의 제문제(상·하)』, 한울, 1987.

김대현, 『(국역)유연당선생문집』, 한국국학진흥원, 2013.

김인걸, 『조선후기 공론정치의 새로운 전개』, 서울대학교출판문화원, 2017.

김 호, 『허준평전』, 민음사, 2024.

박도식, 『강릉의 동족마을』, 채륜, 2013.

_____, 『강릉을 담은 역사와 문화』, 태학사, 2017.

방동인 편, 『嶺東地方鄕土史硏究資料叢書』, 관동대학교출판부, 1996.

상주박물관 편, 『낙사휘찬-낙양의 역사를 모아서 편찬하다』, 민속원, 2015.

소수박물관, 『儒의 道로 仁의 術을 펴다 : 영주의 공주이씨 사람들』, 소수박물관, 2011.
안재철, 『치문경훈의 문법적 이해』, 하늘북, 2004.
오세창 외, 『嶺南鄕約資料集成』, 영남대학교출판부, 1986.
우인수, 『영덕 청신재 박의장 종가』, 예문서원, 2013.
류성룡, 『서애선조필첩』, 한국국학진흥원, 2023.
유승원, 『사대부 시대의 사회사』, 역사비평사, 2020.
윤인숙, 『조선 전기의 사림과 소학』, 역사비평사, 2016.
이경록, 『조선 전기의 의료제도와 의술』, 역사공간, 2020.
이규대, 『조선시기 향촌 사회연구』, 신구문화사, 2009.
정순우, 『서원의 사회사』, 태학사, 2013.
정진영, 『조선시대 향촌 사회사』, 한길사, 1998.
한국역사연구회, 『조선은 지방을 어떻게 지배했는가』, 아카넷, 2000.
한병철, 『피로사회』, 김태환 옮김, 문학과지성사, 2012.

Sukhee Lee, Negotiated power: the state, elites, and local governance in twelfth-to fourteenth-century China, Harvard University Asia Center, 2014.
리차드 세넷, 『투게더-다른 사람들과 함께 살아가기』, 김병화 옮김, 현암사, 2013.
**木下鉄矢, 『朱子学の位置』, 知泉書館, 2007.**
미야지마 히로시, 『일본의 역사관을 비판한다』, 창비, 2013.
_____, 『한중일비교통사:역사상의 재정립이 필요한 때』, 너머북스, 2020.
샹뱌오, 『주변의 상실: 방법으로서의 자기』, 김유익 외 옮김, 글항아리,

2022.

守本順一郎, 『동양정치사상사 연구』, 김수길 옮김, 동녘, 1985.

엘리너 오스트롬, 『공유의 비극을 넘어』, 윤홍근 옮김, 랜덤하우스코리아, 2010.

피에르 부르디외, 『성찰적 사회학으로의 초대』, 이상길 옮김, 그린비, 2015.

피터 볼, 『역사속의 성리학』, 김영민 역, 예문서원, 2010.


### 3. 논문

강구율, 「榮州誌 해제」, 『(國譯)榮州三邑誌』, 소수박물관, 2012.

권태을, 「상주 존애원 관련 시 소고」, 『상주문화연구』 10, 2000.

김도완, 「尙州 洛社契의 存愛院 설립과 운영」, 안동대학교 석사학위논문, 2018.

김명자, 「임진왜란 이후 柳成龍과 그의 문인들의 의료 활동과 그 의미」, 『민족문화논총』 70, 영남대학교 민족문화연구소, 2018.

김성수, 「神仙太乙紫金丹-조선의 만병통치약」, 『인문논총』 67, 서울대학교 인문학연구원, 2012.

김시황, 「모재 김안국선생 權小學詩 연구」, 『동방한문학』 11, 동방한문학회, 1995.

김영나, 「18세기 영주 제민루 소속 노비의 모습」, 『영남학』 85, 경북대학교 영남문화연구원, 2023.

김의환, 「榮州의 서원 현황과 義山書院의 건립」, 『역사와 실학』 36, 역사실학회, 2008.

김준형, 「조선 후기 영남지역 향전의 분석」, 『남명학연구』 43, 경상대학교 남명학연구소, 2014.

김지영, 「禮敎의 가늠자: 조선시대 경상도 지역 지리지 '風俗'조의 검토」, 『규장각』 52, 서울대학교 규장각한국학연구원, 2018.

김태년, 「鶴沙 金應祖의 생애와 학문」, 『東洋古典研究』 29, 동양고전학회, 2007.

김태환, 「儒醫 草堂 李碩幹」, 『영주의 공주이씨 사람들』, 소수박물관, 2011.

김형수, 「임란직후 상주 지역질서의 재편과 존애원」, 『국학연구』 30, 한국국학진흥원, 2016.

김 호, 「존재 위백규의 향촌 교화」, 『한국학』 37(1), 한국학중앙연구원, 2014.

＿＿＿, 「'權道'의 성리학자 김정국, 『경민편』의 역사적 의의」, 『동국사학』 63, 동국역사문화연구소, 2017.

＿＿＿, 「15세기 초 박흥생의 목민론: 『居官箴戒』를 중심으로」, 『조선시대사학보』 85, 조선시대사학회, 2018a.

＿＿＿, 「16~17세기 조선의 지방 의국 운영: 경북 영주의 제민루를 중심으로」, 『국학연구』 37, 한국국학진흥원, 2018b.

＿＿＿, 「16세기 지방의 의서 편찬과 환난상휼의 實踐知」, 『조선시대사학보』 89, 조선시대사학회, 2019.

＿＿＿, 「제주의 주변성과 의료 환경」, 『한국학연구』 55, 인하대학교 한국학연구소, 2020.

＿＿＿, 「'향당鄕黨의 공공화', 상주 사족의 존애원 설립과 유의 성람」, 『인문논총』 80(2), 서울대학교 인문학연구원, 2023a.

＿＿＿, 「환난상휼의 실천, 16~17세기 향촌 사족들의 지방 의국 운용」, 『역사와 현실』 127, 한국역사연구회, 2023b.

김　호, 「모재 김안국의 '북학'-'다시, 실학이란 무엇인가?'를 묻는다」, 『한국사론』 70, 서울대학교 국사학과, 2024a.
_____, 「17세기 후반 읍취헌 송익의 「성주의국중수기」」, 『문헌과 해석』 95, 태학사, 2024b.
_____, 「'비교사의 모험', 유학은 어떻게 동아시아를 만들었는가?」, 『역사학보』 262, 역사학회, 2024c.
김훈식, 「조선전기 윤리서 보급의 변화」, 『코기토』 81, 부산대학교 인문학연구소, 2017.
문재환, 「17세기 후반 寶城 士人의 향촌안정책과 의의」, 순천대학교 석사학위논문, 2015.
박도식, 「어촌 심언광의 생애와 경세론」, 『임영문화』 31, 강릉문화원, 2007.
_____, 「강릉과 율곡과의 관계」, 『율곡학연구』 18, 율곡연구원, 2009.
박원재, 「임란기 영주·봉화 지역의 유학과 학맥」, 『국학연구』 31, 한국국학진흥원, 2016.
백두현, 「훈민정음을 활용한 조선시대의 인민 통치」, 『진단학보』 108, 진단학회, 2009.
송석현, 「17세기 상주지역 사족의 동향」, 『영남학』 27, 경북대학교 영남문화연구원, 2015.
송웅섭, 「중종대 기묘사림의 구성과 출신배경」, 『한국사론』 45, 서울대학교 국사학과, 2001.
_____, 「중종대 사대의식과 유교화의 심화」, 『조선시대사학보』 74, 조선시대사학회, 2015.
_____, 「사재 김정국의 교유관계와 기묘사림 내에서의 위치」, 『동국사학』 63, 동국역사문화연구소, 2017.

신동원, 「조선시대 지방의료의 성장」, 『한국사연구』 135, 한국사연구회, 2006.

안병희, 「神仙太乙紫金丹方 해제」, 『서지학보』 6, 한국서지학회, 1991.

오준호 외, 「조선 중기 유의 이석간의 가계와 의약사적 연구」, 『한국의사학회지』 26(1), 한국의사학회, 2013.

우인수, 「조선 후기 상주 존애원의 설립과 의료 기능」, 『대구사학』 104, 대구사학회, 2011.

윤주필, 「16세기 사림의 분화와 낙서거사 이항의 「오륜전전」, 번안의 의미」, 『국어국문학』 131, 국어국문학회, 2002.

이구의, 「우곡 송량의 문학에 나타난 지향의식」, 『한국사상과 문화』 64, 한국사상문화학회, 2012.

\_\_\_\_\_, 「상주 淵嶽書院과 九曲文化」, 『민족문화논총』 81, 영남대학교 민족문화연구소, 2022.

이규대, 「조선 후기 약국계의 일고찰」, 『사학논총』, 우인 김용덕박사정년기념사학논총간행위원회, 1988.

이상현, 「임진왜란 직후 寶城 朴根孝의 서적 간행 활동」, 『서지학연구』 84, 한국서지학회, 2020.

이석희, 「최근 30년 북미 중국학계의 향촌 사회사 연구동향」, 『역사와 현실』 97, 한국역사연구회, 2015.

임호민, 「조선시대 강릉지역 사족 結社 구성과 의미」, 『인문과학논총』 36, 명지대학교 인문과학연구소, 2013.

\_\_\_\_\_, 「조선시대 향촌조직 결성의 양상과 추이 고찰」, 『강원사학』 27, 강원사학회, 2015.

정진영, 「사족과 농민-대립과 갈등, 그리고 상호 의존적 호혜관계」, 『조선시대사학보』 73, 조선시대사학회, 2015.
정진영, 「조선시대 재지사족층의 향촌자치에 대한 몇 가지 소견」, 『주민자치』 57, 한국자치학회, 2016.
조영린, 「모재 김안국의 교화시 일고찰」, 『大東漢文學』 38, 대동한문학회, 2013.
_____, 「김안국의 "勸小學詩"에 나타난 교육관 연구」, 『한자한문교육』 34, 한자한문교육학회, 2014.
채광수 외, 「창녕성씨 聽竹公派의 상주 정착과 노론계 院宇 건립 활동」, 『조선시대사학보』 79, 조선시대사학회, 2016.
최은주, 「월간 이전·창석 이준 형제의 전쟁체험과 애민정신, 그리고 존애원」, 『국학연구』 30, 한국국학진흥원, 2016.
최종호, 「서애 유성룡의 가서家書 연구」, 『퇴계학논총』 35, 퇴계학부산연구원, 2020.
한기문, 「조선 후기 상주 존애원 설치의 배경과 의의」, 『상주문화연구』 10, 상주문화연구소, 2000.
한희숙, 「17세기 여산 송씨 우곡 송량의 가계와 사회적 위상」, 『한국계보연구』 8, 한국계보연구회, 2018.